BUNTE
KOSMOS
TASCHEN
FÜHRER

W0229808

Bunte Kosmos-Taschenführer

Peter und Ingrid Schönfelder

Das blüht am Mittelmeer

Kleine Mittelmeerflora
200 häufige Pflanzen. Mit 120 Farbfotos

Kosmos · Gesellschaft der Naturfreunde
Franckh'sche Verlagshandlung · Stuttgart

120 Farbfotos von E. Garnweidner (1), G. Halx (1), P. Kohlhaupt (1), H. Reisigl (3),
D. Rückbrodt (2), W. Schacht (3), J. Schimmitat (1), P. Schönfelder (106),
S. Wegmüller (2)
und einer Karte von Hans-Hermann Kropf nach einer Vorlage von Peter Schönfelder

Umschlaggestaltung von Edgar Dambacher
unter Verwendung einer Aufnahme von Peter Schönfelder
Das Foto zeigt die Weißliche Zistrose (Cistus albidus)

Holländische Ausgabe: W. J. Thieme & Cie., Zutphen / Niederlande

3. Auflage / 26.–30. Tausend
Franckh'sche Verlagshandlung, W. Keller & Co., Stuttgart / 1982
Printed in Italy / Imprimé en Italie / LH 14 os / ISBN 3-440-04199-9
Gesamtherstellung: Editoria s.r.l., Trento / Italien

Die Tafelbilder sind zu lesen:
links oben, rechts oben, links unten, rechts unten

Das Mittelmeergebiet hat auf die Bewohner der nördlichen Regionen Europas zu allen Zeiten anziehend gewirkt. Die größten Völkerwanderungen allerdings finden wohl erst heute statt: In jedem Jahr sind es viele Millionen von Nord- und Mitteleuropäern, die es für einige Wochen in den Süden zieht, um an den Küsten des Mittelmeeres Erholung zu finden, bei garantiertem Sonnenschein und warmem Meerwasser, aber auch, um etwas von dem eigenen Reiz des Südens zu erleben.

Zu der besonderen Anziehungskraft des Mittelmeerraumes trägt sicher die Pflanzenwelt einen wesentlichen Teil bei. Von dieser Pflanzenwelt, die in so mannigfacher Weise anders und um ein Mehrfaches artenreicher ist als unsere heimische, will das vorliegende Buch berichten. Es will dem Urlauber und interessierten Ferienreisenden eine Anzahl häufiger, auffälliger und allgemein verbreiteter Arten etwas näherbringen. Die Auswahl mußte dabei bis zu einem gewissen Grade willkürlich bleiben, zu viele Pflanzen konnten nicht aufgenommen werden.

Auswahl

B: Beschreibung

Die 120 abgebildeten Arten werden zunächst im Abschnitt „B" beschrieben. Einer allgemeinen Charakterisierung folgen Merkmale von Blättern, Blüten und Früchten und die Blütezeit. Hinweise über die Bedeutung der Art für den Menschen, zum Beispiel als Heilpflanze, beschließen diesen Abschnitt.

S: Standorte

Unter „S" folgen Bemerkungen zu Standorten und Vorkommen in Pflanzenformationen, in denen die Art ihren Schwerpunkt hat, und unter „V" Angaben zur Verbreitung. Um Verwechslungen mit ähnlichen Pflanzen auszuschließen und diese auch noch gelegentlich bestimmen zu können, werden oft im letzten Abschnitt „U" die wichtigsten Unterscheidungsmerkmale verwandter Arten genannt, die nicht im Foto gezeigt werden können.

V: Verbreitung

U: Unterscheidung

Wenn im Text, besonders bei den Verbreitungsangaben, allgemein von dem Mittelmeergebiet gesprochen wird, so meinen wir damit das Gebiet des mediterranen Klimas, das etwa dem der Verbreitung des Ölbaumes oder der immergrünen Eichen entspricht, wie die Kartenskizze zeigt. Dagegen werden die Arten der Bergländer und Gebirge des Mittelmeerraumes in diesem Buch nicht berücksichtigt. Das Klima des Mittelmeergebietes ist gekennzeichnet durch eine relativ lange Niederschlagsperiode im Winter bei niedrigeren Temperaturen, aber nur selteren Frösten und eine mehrmonatige heiße, niederschlagsfreie Trockenperiode im Sommer.

Klima

Vegetationsablauf

Durch diesen Klimarhythmus ist der Vegetationsablauf bedingt: Das Wachstum der Pflanzen beginnt im Herbst mit dem Einsetzen der Regenfälle. Einzelne Arten blühen dann die ganze winterliche Regenzeit über, während ihre überwiegende Zahl erst mit Beginn der wärmeren Jahreszeit und der ausklingenden Regenperiode in den Monaten April u. Mai zur Blüte gelangt. Zu dieser Zeit entfaltet sich die volle Blütenpracht des Mittelmeergebietes, um dann mit Beginn der sommerlichen Trockenperiode schnell wieder zu verschwinden. Nur an Standorten, die das ganze Jahr über Wasser zur Verfügung haben, blühen auch im Sommer einige Arten. Bäume und Sträucher überdauern die sommerliche Dürre mit ihren immergrünen, oft kleinen und an die Trockenperiode angepaßten Blättern und ihrem tiefreichenden Wurzelwerk. Bei den krautigen Pflanzen dagegen vertrocknen fast alle oberirdischen Teile, und nur die ausdauernden überstehen diese Trockenperiode mit ihren unterirdischen Organen. Die für dieses Gebiet charakteristischen einjährigen Pflanzen haben inzwischen Samen ausgebildet, die erst in der nächsten Regenperiode keimen.

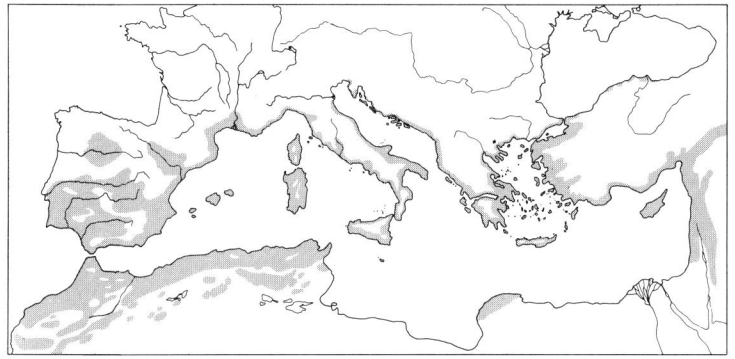

Die Anordnung des Buches folgt einer einfachen Gliederung der Vegetations-formationen. Es beginnt mit einigen auffällig blühenden Pflanzen des Sand-strandes, die dem Urlauber vielleicht zuerst begegnen, wobei auf einige Gräser und unscheinbar blühende Gänsefußgewächse verzichtet wurde. Es schließt sich ein zweites Kapitel über die Felsküste an, wo bald auch einige strauch-förmige Arten auftreten. Die folgenden Seiten behandeln die heute außerhalb des Kulturlandes im Mittelmeergebiet weitverbreiteten Gebüschformationen, die als Garigues bezeichnet werden, in Spanien auch als Tomillares und in Griechenland als Phrygana. Die verschiedensten Arten, höhere und niedrige, häufig aromatisch duftende Sträucher können bestandsbildend auftreten. Bei starker Beweidung und häufigerem Brand entstehen offene Pflanzengesell-schaften, die dann reich an einjährigen Arten und Geophyten sind. Es folgen die wichtigsten Arten der immergrünen Wälder und Macchien. Neben lichten Nadelwäldern wären immergrüne Eichenwälder mit reichem Unterwuchs von Sträuchern und Schlingpflanzen im ganzen Mittelmeergebiet landschaftsbe-stimmend, wenn sie den menschlichen Kulturen nicht schon jahrtausendelang hätten weichen müssen. So sind sie heute nur noch in kleinen Restbeständen und einigen Neuanpflanzungen vorhanden. Etwas weiter verbreitet ist eine höhere, gebüschartige Formation, die als Macchie bezeichnet wird und die Wälder an weniger günstigen Standorten und nach der Zerstörung durch den Menschen ersetzt. Ein weiterer Abschnitt bringt einige bezeichnende Arten des Kulturlandes. Neben den oft landschaftsbestimmenden, kultivierten Baum-arten wurden einige der häufigsten, meist einjährigen und oft farbenprächtigen Unkräuter aufgenommen. Der Rundgang durch die Pflanzenwelt am Mittel-meer endet mit auffälligen Arten der Wegränder und schließlich einigen im Bereich der Siedlungen häufig gepflanzten, nicht einheimischen Arten.

Sandstrand

Felsküste

Garigues

Immergrüne
Wälder und
Macchien

Kulturland

Wegränder

Abkürzungen bei den Bezeichnungen der Drogen:
DAB 6: Deutsches Arzneibuch, 6. Ausgabe 1926, Berlin 1933
DAB 7: Deutsches Arzneibuch, 7. Ausgabe 1968, Stuttgart und Frankfurt 1968
Erg.-B. 6: Ergänzungsbuch zum Deutschen Arzneibuch, 6. Ausgabe,
Berlin und Frankfurt 1948

Sandstrand

Strand-Schneckenklee *Medicago marina* L.   Schmetterlingsblütler
Papilionaceae (Fabaceae)
B: Auf dem Sand kriechende, niederliegende, bis 50 cm hohe, ausdauernde
Pflanze, die an allen ihren Teilen dicht silbrigweiß behaart ist. Blätter drei-
zählig, Teilblättchen verkehrt-eiförmig, an der Spitze gezähnt. Blaßgelbe bis
orangegelbe Blüten in 5—12blütigen Köpfchen. Früchte 5—7 mm im Durch-
messer, charakteristisch spiralig gedreht mit 2—3 Windungen, die in der
Mitte ein kleines Loch freilassen, auf dem Rücken mit zwei Reihen bis 2 mm
langer Stacheln, die noch aus der dichten Behaarung herausragen. April-Juni.
S: Sandstrände, Dünen, zum Teil größere Bestände bildend.
V: Mittelmeerküste, auch Schwarzmeer- und Atlantikküste bis 48⁰ nördlicher
Breite, Kanaren.
U: Unterscheidet sich durch die silbrige Behaarung eindeutig von den über
30 einjährigen und ausdauernden Arten des Mittelmeergebietes, die auch sehr
verschiedene Früchte haben.

Strandwinde *Calystegia soldanella* (L.) R. Br.   Windengewächse
Convolvulaceae
B: Diese hübsche, mit langen Stengeln bis 1 m im Sand kriechende, nicht
windende, ausdauernde Strandpflanze erinnert mit ihren dunkelgrünen, etwas
fleischigen, nierenförmigen, langgestielten Blättern an die Alpentroddelblume
(*Soldanella alpina* L.), der sie deshalb auch ihren wissenschaftlichen Artna-
men verdankt. Die im Durchmesser 4—5 cm großen, rosa Trichterblüten
stehen einzeln in den Blattacheln. Ein Paar von breiten, eiförmigen Hochblättern umschließt den Kelch. April—Oktober.
S,V: Stranddünen der Mittelmeerküste, auch Küsten des Schwarzen Meeres,
des Atlantiks und der Nordsee, selten nördlich bis Dänemark, heute fast weltweit verbreitet.

Stranddistel *Eryngium maritimum* L.   Doldenblütler   *Umbelliferae*
(Apiaceae)
B: Zwei- bis mehrjährige, bis 60 cm hohe, verzweigte, blaugrün bereifte
Pflanze. Grundblätter gestielt, mit im Umriß fast rundlicher Spreite, 3—5-
lappig, am Rande buchtig gezähnt mit kräftigen Dornen. Obere Blätter mit
breitem Grund sitzend, weniger geteilt. Blüten in 1,5—3 cm großen Köpfchen, umgeben von 4—7 elliptischen bis verkehrt-eiförmigen, 2—4 cm langen,
dornig gezähnten Hüllblättern. Blüten blau, von etwa 12 mm langen, dreispitzigen Spreublättern überragt. Früchte ungefähr 15 mm lang, mit zugespitzten Schuppen besetzt. Juni—September.
S: Sandstrand, Dünen.
V: Mittelmeergebiet und europäische Küsten nördlich bis zum 60. Breitengrad.

Dünen-Trichternarzisse, Pankrazlilie   *Pancratium maritimum* L.
Amaryllisgewächse   *Amaryllidaceae*
B: Auch im Frühjahr in nicht blühendem Zustand an den 1—2 cm breiten,
blaugrünen, langen, gedrehten Blättern leicht zu erkennen, die aus einer großen Zwiebel entspringen. Erst im Sommer erhebt sich der kräftige Blütenschaft 30—60 cm hoch mit zwei rotbraunen Tragblättern und 3—15 doldig
gehäuften, weißen Blüten. Diese sind auffallend groß, 10—15 cm, und wohl-
riechend. Blütenkronblätter schmal, abstehend, dazwischen eine trichterförmi-
ge, 12-zähnige Nebenkrone, die von den Staubblättern überragt wird. Frucht-
stengel sich zum Boden neigend. Juli—September.
S,V: Küstendünen des Mittelmeergebietes.
U: Ähnlich die Felsen-Trichternarzisse *Pancratium illyricum* L. mit breiteren Blättern und nur 6—8 cm großen Blüten (zentralmediterran).

Samtgras, Hasenschwänzchen *Lagurus ovatus* L.   Süßgräser *Gramineae (Poaceae)*
B: Der schlanke, 10—50 cm hohe Halm des einjährigen Grases trägt wenige, 2—8 cm lange, weich abstehend behaarte Blätter mit langen Blattscheiden. Charakteristisch ist der etwa 3 cm lange, kugelige bis eiförmige Blütenstand mit sehr kurz gestielten, einblütigen Ährchen, die dicht mit langen, seidigen Haaren besetzt sind, aus denen einzelne, längere Grannen herausragen, und denen das Gras seinen bezeichnenden Namen verdankt. April—Juni. Gelegentlich als Zierpflanze kultiviert und zu Trockensträußen verwendet.
S: Sandküste, Kulturland, Wegränder.
V: Mittelmeergebiet, östlich bis Transkaukasien, Kanaren.

Strandlevkoje *Matthiola sinuata* (L.) R. Br.   Kreuzblütler *Cruciferae (Brassicaceae)*
B: Meist zweijährige, bis 60 cm hohe, dicht weißfilzige, am Grunde verholzte Pflanze. Grundblätter buchtig gezähnt bis gefiedert mit länglichen, abgerundeten Lappen, obere Stengelblätter ganzrandig. Blüten gestielt, Blütenblätter violett, bis 2,5 cm lang und 8 mm breit. Schoten 5—15 cm lang, bis 5 mm breit, zusammengedrückt, aufrecht abstehend, mit großen, gestielten, gelben oder schwarzen Drüsen. Mai—September.
S,V: Sandküsten der Mittelmeergebietes, Atlantikküste nördlich bis Irland.
U: Ähnlich die früher im Jahr blühende *Matthiola incana* (L.) R. Br. mit weißwolligen bis fast kahlen, meist ganzrandigen, schmallanzettlichen Blättern und drüsenlosen, sternhaarigen Schoten, auch als Zierpflanze kultiviert, und die einjährige *Matthiola tricuspidata* (L.) R. Br. mit Schoten mit drei Hörnern an der Spitze.

Sodomsapfel *Solanum sodomeum* L.   Nachtschattengewächse *Solanaceae*
B: Äußerst stacheliger, aufrechter, 0,5—3 m hoher, stark verzweigter Strauch. Blätter gestielt, 5—13 cm lang, fiederteilig bis fast zur Mittelrippe mit abgerundeten, gewellten Blattlappen. Blattnerven wie die Zweige mit geraden, kräftigen, gelblichen, bis 1,5 cm langen Stacheln besetzt. Armblütiger Blütenstand mit einzelnen, gestielten Blüten, Blütenkrone blauviolett, fünfzählig, sternförmig ausgebreitet, 2,5—3 cm im Durchmesser. Früchte glänzend gelbe bis braune Beeren, 2—3 cm groß. Giftig. Mai—September.
S: Sandstrand, Wegränder, Ödland.
V: Eingebürgert im Mittelmeergebiet, Azoren, Kanaren. Heimat Südafrika.

Gelber Hornmohn *Glaucium flavum* Crantz   Mohngewächse *Papaveraceae*
B: Zwei- oder mehrjährige, 30—90 cm hohe, aufrechte, verzweigte, blaugrün bereifte Pflanze. Grundblätter gestielt, 15—35 cm lang, fiederspaltig, mit gezähnten oder gelappten Fiedern; Stengelblätter kleiner, die oberen eiförmig, gelappt, stengelumfassend. Blüten einzeln, gestielt, mit vier leuchtend gelben, rundlichen, 3—4 cm großen Kronblättern und zahlreichen gelben Staubblättern. 15—30 cm lange, oft hornförmig gebogene, kahle Schoten. April—September.
S: Sandige und steinige Küsten, auch in Unkrautfluren und an Wegrändern.
V: Mittelmeer-, Schwarzmeer- und Atlantikküste, Kanaren, seltener auch an den Küsten der Nordsee, in Mitteleuropa gelegentlich als Unkraut.
U: Im Kultur- und Ödland verbreitet ist das meist einjährige *Glaucium corniculatum* (L.) J. H. Rudolph mit orangeroten, kleineren Blüten und fast geraden, borstig behaarten, bis 20 cm langen Schoten.

Felsküste

Meerfenchel *Crithmum maritimum* L. Doldenblütler *Umbelliferae (Apiaceae)*
B: Der Meerfenchel ist die charakteristischste Art der Strandfelsen am Mittelmeer. Obwohl er erst im Herbst blüht, ist er doch das ganze Jahr über sicher zu erkennen und unverwechselbar. Kahle, ausdauernde, am Grunde verholzte, 10—50 cm hohe Pflanze mit ein- bis dreifach gefiederten, blaugrünen Blättern mit linealen, dicken, fleischigen, zugespitzten, bis 5 cm langen Abschnitten, Blütendolde mit 10—30 Strahlen, Blüten mit kleinen, unscheinbaren, gelbgrünen Blütenblättern. Früchte 5—6 mm, gelblich bis rötlich, gerippt. Juli—Oktober.
Die Blätter werden auch als Salat und als Küchengewürz verwendet.
S: Felsküste, auf Kalk- und Urgestein, aber nur soweit die Felsen wenigstens gelegentlich mit Salzwasser besprüht werden.
V: Mittelmeerküste, Atlantik- und Schwarzmeerküste, Azoren, Kanaren.

Baum-Strandpappel *Lavatera arborea* L. Malvengewächse *Malvaceae*
B: Zweijährige, im unteren Teil verholzte, baumartige, bis 3 m hohe Pflanze mit rundlichen, kurz 5—7-lappigen, großen Blättern. Blüten traubig zu 2—7 in den Achseln von Blättern, Blütenkronblätter 15—20 mm lang, lila mit dunklerem Grund, Kelchblätter etwa 4 mm lang, dreieckig, spitz, von einem etwa doppelt so langen Außenkelch umgeben, der zur Fruchtzeit offensteht und die 6—8 kahlen oder filzigen Teilfrüchte sichtbar werden läßt. April—Juni.
S: Strandfelsen, steinige Plätze in Meeresnähe, auch als Zierpflanze kultiviert und gelegentlich verwildert.
V: Mittelmeergebiet, östlich bis Griechenland, westeuropäische Küste, Kanaren.
U: Ähnlich mehrere westmediterrane Arten wie *Lavatera olbia* L. mit einzelnen Blüten in den Blattachseln, Außenkelch etwa so lang wie der Kelch.

Strandstern *Asteriscus maritimus* (L.) Less. Korbblütler *Compositae (Asteraceae)*
B: Zwergstrauch mit niederliegenden, aufsteigenden oder auch aufrechten Ästen, bis 25 cm hoch, oft größere Flächen deckend. Blätter behaart, ganzrandig, spatelförmig, zum Grunde lang verschmälert und halbstengelumfassend. Blütenköpfe einzeln, endständig, 3—4 cm im Durchmesser, kräftig gelb, die strahlenden Zungenblüten an der Spitze gezähnt. Äußere Hüllkelchblätter wie die oberen Stengelblätter spatelförmig, kurz bespitzt, fast so lang wie die Zungenblüten. April—Juli.
S: Küstenfelsen und steinige Orte.
V: Mittelmeergebiet, östlich bis Griechenland, Kanaren.
U: Ähnlich der einjährige *Asteriscus aquaticus* (L.) Less. mit nur 1—2 cm großen, gelben Blütenköpfen, deren äußere, stumpfe Hüllkelchblätter die Zungenblüten weit überragen.

Weißfilziges Greiskraut *Senecio bicolor* (Wild.) Tod. (incl. *Senecio cineraria* DC.)
Korbblütler *Compositae (Asteraceae)*
B: Ausdauernde, am Grunde verholzte, 30—60 cm hohe, aufrechte und verzweigte Pflanze. Stengel und Blattunterseite weißfilzig, Oberseite wollig behaart, Blätter gelappt bis tief fiederteilig, die Abschnitte häufig nochmals fiederig geteilt, untere Blätter gestielt, die oberen sitzend. Blüten in vielköpfigen Trugdolden, Blütenköpfchen 1—1,5 cm breit mit 10—12 hellgelben Zungenblüten, Hüllkelchblätter weißfilzig. Früchte kahl. Mai bis August.
In Mitteleuropa in Gärten kultiviert, aber nicht winterhart.
S,V: Küstenfelsen, Garigues des Mittelmeergebietes, östlich bis Griechenland.

Felsküste

Mittelmeer-Strohblume, Immortelle   *Helichrysum stoechas* (L.) Moench
Korbblütler   *Compositae   (Asteraceae)*
B: Ausdauernde, am Grunde verholzte, aromatische, 10—40 cm hohe Pflanze
mit schmallinealen, weißfilzigen, am Rand umgerollten Blättern und zahl-
reichen, 4—8 mm großen, rundlichen, leuchtendgelben Blütenköpfen. Blüten-
hüllblätter gelb glänzend, nicht drüsig. April—Juli.
Ebenso wie die Gartenstrohblume *Helichrysum bracteatum* (Vent.) Andr.
Verwendung zu Trockensträußen und Kränzen.
S: Häufig in Fels- und Sandküstengesellschaften, Garigues.
V: Westliches Mittelmeergebiet, östlich bis Dalmatien.
U: Ähnlich *Helichrysum italicum* (Roth) G. Don fil. mit länglichen, nur 3—4 mm
breiten Blütenköpfchen mit drüsigen Hüllblättern und das ostmediterrane *Heli-
chrysum sanguineum* (L.) Kostel mit orangeroten Blütenköpfen.

Einköpfige Steinimmortelle   *Phagnalon saxatile* (L.) Cass.   Korbblütler
Compositae   (Asteraceae)
B: Kleiner Halbstrauch, 20—40 cm hoch, mit aufrechten, verzweigten, filzigen
Stengeln. Blätter lineal-lanzettlich, oberseits grün bis weißlich, unten weiß-
filzig. Gelbbraune Blüten in langgestielten, einzelnen, etwa 1 cm großen
Köpfchen. Hüllkelchblätter braun, trockenhäutig, zugespitzt, die äußeren
abstehend oder zurückgebogen. April—Juli.
S, V: Küstenfelsen des westlichen und zentralen Mittelmeergebietes, Kanaren.
U: Ähnlich *Phagnalon rupestre* (L.) DC. mit schmalen, eiförmig-lanzettlichen, am
Rande gewellten Blättern, mit verbreitertem Grund sitzend, und stumpfen, dem
Köpfchen angedrückten Hüllkelchblättern, außerdem *Phagnalon sordidum* (L.)
Rchb. mit schmallinealen, beiderseits weißwolligen Blättern und mehrköpfigen
Blütenständen.

Strandkresse, Weißes Schildkraut   *Lobularia maritima* (L.) Desv.
Kreuzblütler   *Cruciferae   (Brassicaceae)*
B: Sehr häufige, ausdauernde Art mit aufsteigenden oder aufrechten, am
Grunde vielfach verzweigten Ästen, 10—40 cm hoch, Blätter schmal, lineal-
lanzettlich, 2—3 mm breit, zugespitzt oder stumpf, durch dichte, weißliche,
angedrückte Behaarung graugrün. Die weißen oder schwach rosafarbigen, nach
Honig duftenden Blüten stehen in Trauben, die sich während der Fruchtzeit
stark verlängern. Blütenblätter etwa 3 mm, abgerundet. Schötchen 2—3,5 mm
lang, eiförmig-spitz, jedes der zwei Fächer mit einem Samen. April—September.
S: Fels- und Sandküste, Wegränder, Felder, Mauern.
V: Mittelmeergebiet, östlich bis Arabien, westlich bis zu den Kanaren, auch
in Mitteleuropa als Rabattenpflanze kultiviert und gelegentlich verwildert.

Geißkleeartiger Hornklee *Lotus cytisoides* L.   Schmetterlingsblütler
Papilionaceae   (Fabaceae)
B: Häufig in großen Beständen anzutreffende, ausdauernde Art mit niederliegenden oder aufsteigenden, bis 50 cm langen Trieben. Blätter mit fünf
seidig behaarten, eiförmigen bis lanzettlichen, 4—14 mm langen und 2—8 mm
breiten Fiederblättchen. Blüten in 2—6-blütigen Köpfchen, Blütenkrone gelb,
8—14 mm groß, Schiffchen mit einem kurzen, gebogenen, purpurnen Schnabel, Blütenkelch zweilippig, die oberen zwei Kelchzähne aufwärts gebogen,
die zwei seitlichen abgerundet und kürzer als der untere. Hülsen gerade oder
leicht gekrümmt, 2—5 cm lang. März—Juni.
S,V: Fels- und Sandküsten des Mittelmeergebietes.
U: Ähnlich *Lotus creticus* L. mit 12—18 mm langer Blütenkrone, Schiffchen
mit langem, geraden, purpurnen Schnabel, seitliche Kelchzähne spitz und fast
so lang wie die oberen.

Küstengarigue

Baumartige Wolfsmilch *Euphorbia dendroides* L. Wolfsmilchgewächse
Euphorbiaceae
B: Für den Mitteleuropäer, der Wolfsmilch-Arten als einjährige oder aus-
dauernde Pflanzen kennt, ist diese Art eine Überraschung: ein kräftiger,
halbkugelförmiger, 0,5—2 m (selten bis 3 m) hoher Busch, der bei genauer
Betrachtung gar baumförmigen Wuchs hat. Der oft armdicke Stamm ver-
zweigt sich, ebenso wie seine Äste, zweiteilig-gabelig und bildet dadurch die
charakteristische Kugelbuschform. Im Gegensatz zu den meisten immergrünen
Sträuchern des Mittelmeergebietes trägt die baumartige Wolfsmilch nur vom
Herbst bis etwa Mai länglich-lanzettliche, 3—8 mm breite, bis 65 mm lange
Blätter. Blütenstand 5—8-strahlig, Drüsen halbmondförmig, Fruchtkapsel
5—6 mm. April—Juni.
S: Felsfluren und Garigues in Küstennähe, vorwiegend auf Kalk.
V: Zentrales Mittelmeergebiet, westlich bis Katalonien und zu den Balearen,
östlich bis in die Ägäis.
U: Ähnliche, baumförmige Wolfsmilcharten erst auf den Kanaren und in
Afrika.

Binsen-Kronwicke *Coronilla juncea* L. Schmetterlingsblütler
Papilionaceae (Fabaceae)
B: Bis 1 m hoher, graugrüner Strauch mit binsenartigen Zweigen und langen
Stengelgliedern. Blätter hinfällig, unpaarig gefiedert mit 3—7 schmalen,
fleischigen, 5—25 mm langen Blättchen. Langgestielte, doldig-kronenförmige
Blütenstände mit 5—12 Blüten, Blütenblätter 6—12 mm lang, mit ver-
schmälertem Grund aus dem Kelch hervorragend, Früchte 1—5 cm lange,
gegliederte, herabhängende Hülsen, vierkantig, mit 3—11 Abschnitten. Samen
giftig. April—Juni.
S: Küstengarigues, Strandfelsen.
V: Westliches und zentrales Mittelmeergebiet, östlich bis Jugoslawien.

Jupiterbart *Anthyllis barba-jovis* L. Schmetterlingsblütler *Papilionaceae (Fabaceae)*
B: Durch seine silbrige Behaarung auffallender, schöner, 0,5—1 m (—2 m)
hoher Strauch mit unpaarig gefiederten Blättern mit 13—19 schmalen, fast
gleichen Teilblättchen, die auf der Oberseite grünseidig, auf der Unterseite
silbrig schimmern. 10 und mehr blaßgelbe Blüten in endständigen Köpfchen,
getragen von einem in fingerförmige Abschnitte geteilten Hochblatt, Blüten-
kelche 5-zähnig. Hülsen einsamig. April—Juni.
In Gärten öfter als Zierpflanze kultiviert.
S,V: Küstenfelsen des Mittelmeergebietes von Ostspanien bis zur Balkan-
halbinsel.

Strauch-Schneckenklee *Medicago arborea* L. Schmetterlingsblütler
Papilionaceae (Fabaceae)
B: Im Mittelmeergebiet einziger strauchförmiger, 1—4 m hoher Vertreter
einer Gattung, die dort neben einigen ausdauernden Arten auch eine Viel-
zahl von einjährigen Kräutern hervorgebracht und dort ihr Entfaltungs-
zentrum hat. Junge Zweige seidenhaarig weiß, Teilblättchen verkehrt eiförmig,
am Grunde keilig, ganzrandig oder an der Spitze gezähnt, besonders die jungen Blätter unterseits seidig behaart. Blüten zu 4—10 in köpfchenartigen
Blütentrauben, Blütenkrone 12—15 mm lang, goldgelb. Früchte auf der
Oberfläche netznervig, 1—1,5mal spiralig gedreht, in der Mitte ein Loch
freilassend. März—August.
S: Felsküste, auch als Zierpflanze kultiviert.
V: Südliches Mittelmeergebiet, kultiviert auch im nördlichen Mittelmeergebiet.

Garigues

Zistrosen *Cistus* L. Zistrosengewächse *Cistaceae*
Charakteristische Sträucher des Mittelmeergebietes mit großen, roten, rosa
oder weißen Blüten, mit zerknittert aussehenden Blütenblättern und gegenständigen Blättern. Die einzelnen Blüten verwelken meist schon nach wenigen
Stunden, am nächsten Tag aber öffnen sich wieder neue Knospen. In der
Verbreitung fast vollständig auf das Mittelmeergebiet beschränkt, kann die
ganze Familie als bezeichnend für die Garigues und Macchien dieses Raumes
gelten. Neben den insgesamt 20 Arten der Zistrosen enthält sie noch einige
verwandte Gattungen, z. B. die Sonnenröschen (*Helianthemum*), die mit einzelnen Arten auch bis Mitteleuropa reichen.

Weißliche Zistrose *Cistus albidus* L.
B: Dichter, 0,4—1 m hoher Busch mit weißfilzigen, flachen, nicht welligen,
halbstengelumfassend sitzenden, 2—5 cm langen Blättern, auf der Blattunter-
seite mit deutlich hervortretenden Nerven und rosaroten, 4—6 cm großen
Blüten auf bis 2 cm langen Stielen in 1—7-blütigen Trauben. April—Juni.
S: Häufig in Garigues, Macchien, offenen Wäldern, vorwiegend auf Kalk.
V: Westliches Mittelmeergebiet, östlich bis Italien.
U: Ähnlich mit dunkler roten Blüten und gewellten, sitzenden Blättern, Blütenstiel höchstens 5 mm, *Cistus crispus* L. (westliches Mittelmeergebiet). Ebenfalls rotblütig, mit gestielten Blättern der ostmediterrane *Cistus incanus* L.
(westlich bis zu den Balearen) und zwei seltenere Arten.

Montpellier-Zistrose *Cistus monspeliensis* L.
B: Stark duftender, drüsig-klebriger, 0,4—1 m hoher Strauch mit schmall-
lanzettlichen, etwa 4—8 mm breiten, 2—5 cm langen, dreinervigen, grünen,
oberseits schwach und unterseits stark behaarten Blättern mit umgerolltem
Rand. Blüten weiß, nur 2—3 cm groß, mit fünf Kelch- und fünf Blütenkronblättern, in 2—8-blütigen, einseitswendigen Blütenständen. April—Juni.
S: Garigues und Macchien, oft große Bestände bildend, auf saurem Gestein.
V: Mittelmeergebiet, östlich bis Zypern, Kanaren.
U: Ähnlich *Cistus clusii* Dun. in DC., Blätter nur 1—2 mm breit, Blütenstände mit bis zu 12 Blüten mit drei Kelchblättern (westliches Mittelmeergebiet, östlich bis Italien).

Salbeiblättrige Zistrose *Cistus salvifolius* L.
B: Kräftiger, 0,3—1 m hoher Strauch mit gestielten, eiförmigen, stark run-
zeligen, bis 4 cm großen, am Grunde abgerundeten Blättern, Blüten meist
einzeln, manchmal bis zu 4, fünfzählig, 4—5 cm im Durchmesser, mit weißen
Blütenblättern. April—Juni.
S: Garigues und Macchien, vorwiegend auf Silikatboden.
V: Mittelmeergebiet, östlich bis zum Kaukasus.
U: Ähnlich *Cistus populifolius* L. (Iberische Halbinsel, Frankreich, Marokko),
weißblütig mit bis 10 cm langen Blättern mit herzförmigem Blattgrund.

Gelber Zistrosenschmarotzer, Hypocist *Cytinus hypocistis* (L.) L.
Schmarotzerblumengewächse *Rafflesiaceae (Cytinaceae)*
B: Einzige Gattung dieser tropischen Pflanzenfamilie in Europa. Niedriger,
nur 4—10 cm hoher Schmarotzer auf den Wurzeln der weißblütigen Zistrosen.
Stengel mit blattgrünlosen, gelblichen bis roten, schuppenförmigen Blättern
und 5—10 gelben Blüten, jede von 2 Hochblättern umgeben, die unteren weib-
lich, die oberen männlich mit vierzähliger Blütenhülle. April—Juni.
S,V: Garigues und Macchien des Mittelmeergebietes.
U: Sehr ähnlich, aber mit weißlichen bis blaßrosa Blüten *Cytinus ruber*
(Fourr.) Komarov, auf den rotblütigen Zistrosen-Arten schmarotzend.

Garigues

Rosmarin *Rosmarinus officinalis* L.   Lippenblütler *Labiatae (Lamiaceae)*
B: Immergrüner, vielgestaltiger, stark aromatisch duftender, bis 2 m hoher
Strauch mit braunen Zweigen. Sitzende, schmal-lineale, bis 4 cm lange, led-
rige Blätter mit nach unten umgerollten Rändern. Blattoberseite kräftig grün,
runzelig, Unterseite weißfilzig. Blütenkrone blaßblau, selten weiß oder rosa,
10—12 mm, zweilippig. Zwei Staubblätter lang herausragend. Blüht ganz-
jährig.
Häufig auch als Zierpflanze und als Nutzpflanze kultiviert. Verwendung der fri-
schen oder getrockneten Blätter als Küchengewürz. Das ätherische Öl wird u. a. in
Rheumaeinreibungen und als Badezusatz verwendet und ist außerdem Bestandteil
von Kölnisch Wasser.
S, V: Garigues, Macchien, auf Kalk im Mittelmeergebiet, Azoren, Kanaren.

Schopfiger Lavendel *Lavandula stoechas* L.   Lippenblütler   *Labiatae*
(Lamiaceae)
B: Aufrechter, bis 1 m hoher Strauch mit beiderseits graufilzigen, linealen bis
lanzettlichen, ganzrandigen, 1—4 cm langen Blättern mit umgerolltem Rand.
Kleine, schwarzviolette, zweilippige Blüten in einer 2—3 cm langen, dichten
Scheinähre, in den Achseln von 4—8 mm großen, rhombisch-herzförmigen
Tragblättern, die in Reihen übereinander angeordnet sind. Den Blütenstand
überragt ein Schopf von vier 1—5 cm langen, hellvioletten, sterilen Hoch-
blättern, der als Schauapparat dient. Februar—Juni.
S,V: Garigues, lichte Wälder, auf Silikatboden im ganzen Mittelmeergebiet,
Kanaren.
U: Sechs weitere Lavendel-Arten vorwiegend im westlichen Mittelmeergebiet.
Kultiviert wird *Lavandula angustifolia* Mill., aus deren Blüten Lavendelöl gewon-
nen wird, das auch große Bedeutung für die Parfümherstellung hat.

Zwergpalme *Chamaerops humilis* L.   Palmengewächse   *Palmae*
B: Einzige einheimische Palmenart Europas. An natürlichen Standorten durch
Beweidung und menschlichen Einfluß oft buschig und selten über 1 m hoch,
nur an unzugänglichen Stellen mit 2—4 m hohem Stamm, in Kultur bis 10 m
hoch. Blätter dunkelgrün, rundlich, in 10—20 lanzettlich spitze Abschnitte
fächerförmig zerteilt, Blattstiel am Rand mit Stacheln. Blüten ein- oder zweihäusig, in umscheideten, dichten, gelben, rispigen Blütenständen, Früchte gelb,
später rötlichbraun. April—Juni.
Die Fasern zerschlitzter, junger Blätter werden u. a. als Polstermaterial und
zur Herstellung von Besen verwendet. Die Blattknospen werden in manchen
Gegenden als Gemüse gegessen.
S: Garigues, Felsfluren, lichte Kiefernwälder, auch sandige Standorte, kultiviert in Gärten und als Kübelpflanze.
V: Westliches Mittelmeergebiet, östlich bis Italien.

Behaarter Vogelkopf *Thymelaea hirsuta* (L.) Endl.   Seidelbastgewächse
Thymelaeaceae
B: Stark verzweigter, 0,4—1 m hoher Strauch mit aufrechten, aufsteigenden
oder überhängenden Zweigen und dachziegelartig angeordneten, schuppenförmigen, etwas fleischigen, 3—8 mm langen Blättern, die oberseits glänzend
grün und kahl, unterseits aber wie die jungen Zweige weißfilzig sind. Blüten
vierzählig, außen weiß seidenhaarig, innen gelblich, 4—5 mm, eingeschlechtig
oder zwittrig zu 2—5 in dichten Blütenständen. Oktober—Mai.
S,V: In den Garigues des Mittelmeergebietes gebietsweise häufige Pflanze.
U: Ähnlich *Thymelaea tartonraira* (L.) All., ein nur bis 0,5 m hoher Halbstrauch mit 10—18 mm langen, eiförmigen, beiderseits weißhaarigen Blättern.

Garigues

Gefranste Raute *Ruta chalepensis* L. Rautengewächse *Rutaceae*
B: Stark aromatisch riechender, bis 60 cm hoher Strauch. Blätter doppelt
gefiedert mit länglichen oder verkehrt-eiförmigen, stumpfen Abschnitten.
Blütenstände trugdoldig verzweigt, meist mit einer zentralen 5-zähligen, um-
geben von 4-zähligen Blüten, Blütenkronblätter gelbgrün, am Rande gefranst.
Kelchblätter dreieckig-eiförmig, Blütenstiele so lang wie oder länger als die
Kapseln. April—Juli.
S: Garigues, Felsfluren, Wegränder.
V: Mittelmeergebiet, Azoren, Kanaren, östlich bis Abessinien.
U: Ähnlich vier weitere Arten des Mittelmeergebietes. Ebenfalls bewimperte
Kronblätter hat die drüsig behaarte *Ruta angustifolia* Pers. Die häufige, auch in
Mitteleuropa kultivierte *Ruta graveolens* L. hat dagegen nur gezähnte oder ge-
wellte Kronblätter.

Gemeines Rutenkraut, Riesenfenchel *Ferula communis* L. Doldenblütler *Umbelliferae (Apiaceae)* .
B: Sehr kräftige, 1—3 m (selten bis 5 m) hohe, ausdauernde Pflanze mit
mehrfach gefiederten Blättern, die einzelnen, schmalen Fiedern bis 5 cm lang,
mit großer Blattscheide. Oberste Blätter bis auf die Blattscheide zurückge-
bildet, die die jungen Blütendolden umschließt. Ungewöhnlich große, aus
blattachselständigen und endständigen Dolden zusammengesetzte Blütenstände, letztere mit 20—40 Döldchen mit jeweils etwa ebenso vielen, kleinen,
gelben Blüten, Früchte etwa 1,5 cm groß. April—Juni.
S,V: Garigues, Felsfluren auf Kalk, auch ruderal, im ganzen Mittelmeergebiet.

Behaarter Backenklee *Dorycnium hirsutum* (L.) Ser. in DC. Schmetterlingsblütler *Papilionaceae (Fabaceae)*
B: Am Grunde verholzter, niedriger Halbstrauch, bis 50 cm hoch, meist dicht,
abstehend behaart. Blätter sitzend, fünfzählig gefiedert, mit sehr kurzer Blatt-
spindel, Teilblättchen verkehrt-eiförmig, länglich, bis 2,5 cm. Blüten zu
4—10 in kurzgestielten Köpfchen, Blütenkrone 1—2 cm lang, Fahne und
Flügel weiß bis rosa, Schiffchen mit dunkelroter oder schwarzer, stumpfer
Spitze, Flügel mit einer taschenförmigen Längsfalte. Hülsen klein, 6—12
mm, kaum länger als der Kelch. April—Juli.
S: Garigues, lichte Wälder.
V: Mittelmeergebiet.
U: Ähnlich drei weitere Arten im Mittelmeergebiet mit nur 3—7 mm großen
Blüten.

Gelbe Hauhechel *Ononis natrix* L. Schmetterlingsblütler *Papilionaceae
(Fabaceae)*
B: Reich verzweigte, aufrechte bis aufsteigende, in allen Teilen dicht drüsen-
haarige und dadurch klebrige, 20—60 cm hohe, ausdauernde Pflanze, im
unteren Teil mehr oder weniger verholzt, dornenlos. Blätter dreizählig, Teilblättchen bis 2 cm lang, eiförmig bis lanzettlich, meist gezähnt. Lockerer,
rispiger, beblätterter Blütenstand mit gestielten Schmetterlingsblüten, gelb,
mit roten oder violetten Adern, 6—20 mm lang. Hülsen hängend, 10—25
mm, behaart. April—Juli.
S: Garigues, Ödland, Wegränder, bevorzugt auf Kalk.
V: Mittelmeergebiet, Kanaren, selten bis Südwestdeutschland vordringend.
U: Ebenfalls mit gelben Blüten, aber einjährig, *Ononis pubescens* L. mit
dichtem, kopfigem Blütenstand, Blütenstiele kürzer als die Blätter, und
Ononis viscosa L. mit Blütenstielen länger als die Blätter. Außerdem mehrere
meist rosa blühende Arten im Mittelmeergebiet, wo die Gattung ihren Verbreitungsschwerpunkt hat.

Garigues

Lavendelblättriges Sonnenröschen   *Helianthemum lavandulifolium* Mill.
Zistrosengewächse   *Cistaceae*
B: Eine leicht kenntliche unter den etwas 80 Sonnenröschen-Arten, von denen die meisten auf kleinere Teilgebiete im westlichen Mittelmeergebiet beschränkt sind. 10—50 cm hoher, aufrechter, dicht graufilziger Zwergstrauch. Blätter lineal-lanzettlich, 1—5 cm lang, 3—8 mm breit, am Rande umgerollt, oben grau- und unten weißfilzig, mit schmallinealen Nebenblättern. Charakteristisch verzweigte Blütenstände, in der Jugend eingerollt, später gestreckt. Blüten gelb, 1,5—2 cm groß, fünfzählig, mit bewimperten Kelchblättern. Fruchtkapseln kürzer als der Kelch. April—Juli.
S: Offene Garigues und Felsfluren, auch lichte Wälder, vorwiegend auf Kalk.
V: Mittelmeergebiet.

Echter Thymian Gartenthymian *Thymus vulgaris* L. Lippenblütler
Labiatae (Lamiaceae)
B: Kleiner, 10—30 cm hoher, ästiger Zwergstrauch mit stark aromatischem Duft. Graugrüne, dichtfilzige Blätter, 3—8 mm lang, bis 3 mm breit, lineal bis elliptisch mit eingerolltem Blattrand, nicht bewimpert. Blüten in Scheinquirlen, die ährig oder köpfchenförmig angeordnet sind. Blütenkrone 4—6 mm, hellviolett, rosa oder weißlich, Blütenkelch 3—4 mm lang. April—Juli. Die getrockneten Blätter und Blüten sind offizinell. Thymianauszüge wirken schleimlösend und sind Bestandteil vieler Hustensäfte. Das ätherische Öl findet u. a. in Mund- und Rasierwassern Verwendung. Die Pflanze liefert außerdem ein wichtiges Küchengewürz.
S: Garigues auf Kalk, in den spanischen „ Tomillares " namengebende, oft große Bestände bildende Charakterpflanze.
V: Westliches Mittelmeergebiet, östlich bis Italien, kultiviert auch in Mittel- und Nordeuropa, hier jedoch nur einjährig.

Purpurrotes Brandkraut   *Phlomis purpurea* L.   Lippenblütler
Labiatae (Lamiaceae)
B: Bis 2 m hoher Strauch. Blätter länglich-eiförmig, bis 2 cm lang gestielt, mit herzförmigem oder keilförmigem Grund, im Blütenstandsbereich stärker zugespitzt, runzelig ledrig, oberseits dunkelgrün-filzig, unterseits weißfilzig. Blüten zu 10—12 in Scheinquirlen, purpurn oder rosa, etwa 2,5 cm groß, mit helmförmiger Oberlippe, sternhaarig-filzig. Kelch länger als die Kronröhre, mit fünf spitzen Zähnen. April—Juni.
S,V: Garigues, Felsfluren der Iberischen Halbinsel.
U: Ebenfalls rotblütig das krautige, bis 70 cm hohe *Phlomis herba-venti* L. (Mittelmeergebiet) und zwei weitere, auf Griechenland und die Balearen beschränkte Arten, außerdem 7 gelbblütige Arten, von denen nur *Phlomis fruticosa* L. weiter verbreitet ist.

Strauchige Kugelblume *Globularia alypum* L. Kugelblumengewächse
Globulariaceae
B: Aufrechter, 0,2—1 m hoher, reich verzweigter Strauch mit kurz gestielten, dicken, immergrünen, länglichoval-zugespitzten, zum Teil auch dreispitzigen Blättern. Kleine, blaue Blüten in kugelförmigen, bis 2,5 cm breiten Köpfchen. Röhrenförmige Einzelblüten mit kurz-zweizähniger Oberlippe und dreizipfeliger Unterlippe. November—April.
S: Garigues, Felsfluren, gelegentlich bestandsbildend.
V: Mittelmeergebiet, mit größeren Verbreitungslücken.
U: Einzige aufrecht-strauchige Kugelblume, verwandte Arten der süd- und mitteleuropäischen Gebirge strauchförmig-kriechend oder krautig.

Garigues

Ragwurz *Ophrys* L. Orchideen *Orchidaceae*
Die Gattung *Ophrys* gehört mit etwa 30 Arten zu den charakteristischen, fast ganz auf das Mittelmeergebiet beschränkten Formenkreisen. Die äußerst veränderliche, insektenartige Gestalt der Blüte steht im Zusammenhang mit einem interessanten blütenbiologischen Mechanismus zur Übertragung der Pollenpakete und bildet für viele Liebhaber immer wieder Anlaß zu ästhetischer Freude wie auch zu genauen Untersuchungen.

Gelbblütige Ragwurz *Ophrys lutea* (Gouan) Cav. Orchideen *Orchidaceae*
B: Eine der häufigsten und leicht kenntlichen Ragwurzarten mit 10—30 cm hohem Stengel mit 3—4 länglichen Blättern und 3—7 Blüten. Kelchblätter grün, eiförmig, das obere nach vorn gebogen, obere Kronblätter breit linealisch, gelbgrün, kürzer als die Kelchblätter, das zur Lippe umgebildete dritte Kronblatt dreilappig, mit größerem, ausgerandetem Mittellappen, auffällig durch die breite, gold- bis zitronengelbe Randzone, die das behaarte braune Mittelfeld mit dem meist braunvioletten Mal umgibt. März—Mai.
S, V: Garigues, lichte Wälder, Kulturland des Mittelmeergebietes.

Spiegel-Ragwurz *Ophrys speculum* Link Orchideen *Orchidaceae*
B: Wie die übrigen Ragwurzarten mit Knollen ausdauernde, 10—30 cm hohe Pflanze mit kräftiggrünen, am Grunde gehäuften Blättern und 2—8 (selten auch bis 15) etwa 2,5 cm großen Blüten. Kelchblätter grün, an den Rändern zurückgerollt, meist mit zwei braunvioletten Streifen, das obere helmartig nach vorn gebogen; die beiden oberen Kronblätter halb so lang wie die Kelchblätter, rotbraun; Lippe ausgeprägt dreilappig, am Rand mit einem dichten Kranz abstehender, brauner Haare, der auf dem Mittellappen ein metallisch blau glänzendes Mal einfaßt, dem die Art ihren Namen verdankt. März—Mai.
S,V: Garigues, grasige Stellen, auch in lichten Wäldern, Macchien und Baumkulturen, im ganzen Mittelmeergebiet.

Schmetterlingsknabenkraut *Orchis papilionacea* L. Orchideen *Orchidaceae*
B: Die Knabenkrautarten haben den Schwerpunkt ihrer Verbreitung ebenfalls im Mittelmeergebiet, wenn auch eine Anzahl von ihnen bis Nordeuropa und wenige in der gemäßigten Zone der ganzen nördlichen Halbkugel verbreitet sind. Stellvertretend für viele sei hier das Schmetterlingsknabenkraut gezeigt, eine mit eiförmigen, ungeteilten Knollen ausdauernde, 10—40 cm hohe Art. Blätter lineal-lanzettlich, Blüten zu 3—6 (selten bis 10), in den Achseln von großen, roten Tragblättern. Die fünf oberen, braunroten, dunkler gestreiften Blütenblätter helmförmig zusammengeneigt; Lippe weißlich, rosa bis karminrot, ungeteilt, vorn fächerförmig verbreitert, ganzrandig oder gezähnt und meist mit prächtiger, dunkelroter Zeichnung. März—Mai.
S,V: Garigues, lichte Wälder und Baumkulturen des Mittelmeergebietes.

Zungen-Schwertwurz *Serapias lingua* L. Orchideen *Orchidaceae*
B: Vertreter einer dritten Orchideengattung, die im Mittelmeergebiet ihren Verbreitungsschwerpunkt hat und hier mit 7 Arten vorkommt. Ausdauernde, oft in größeren Gruppen wachsende, zierliche, 10—30 cm hohe Pflanze mit 3 oder mehr Knollen und schmal-lanzettlichen Blättern, 3—6 Blüten in den Achseln von Tragblättern, die diese kaum überragen. 5 Blütenblätter zu einem waagerecht nach vorn stehenden Helm zusammengefügt, aus dem die zungenförmig spitze, ungeteilte, dunkelrote oder rosarote bis gelbliche Lippe schräg nach vorne herausragt. Lippe am Grunde nur mit einem Höcker. März bis Mai.
S: Garigues, lichte Wälder und Macchien, Olivenhaine.
V: Mittelmeergebiet, östlich bis Griechenland.

Kleinfrüchtiger Affodill *Asphodelus aestivus* Brot. (*Asphodelus microcarpus* Viv.) Liliengewächse *Liliaceae*
B: Diese oft über 1 m hohe Pflanze ist nur eine von mehreren auffälligen Affodill-Arten des Mittelmeergebietes: Blätter 2—4 cm breit, grundständig, im Querschnitt V-förmig. Reich verzweigter, pyramidaler Blütenstand mit 3—4 cm breiten, weißen Blüten mit 6 lanzettlichen Blütenblättern mit rötlichem Mittelnerv. Früchte 5—8 mm, eiförmig. März—Juni.
Die knollenförmig verdickten Wurzeln wurden früher gegessen und zur Kleisterherstellung verwendet.
S: Garigues, Weiderasen, oft große Bestände bildend, da für das Vieh giftig und deshalb nicht gefressen.
V: Mittelmeergebiet.
U: Ähnlich *Asphodelus ramosus* L. und *Asphodelus albus* Mill. mit bis 2 cm großen Früchten, letzterer mit meist unverzweigtem Blütenstand. Der nur bis 50 cm hohe, an Wegrändern häufige *Asphodelus fistulosus* L. hat halbstielrunde, 1—3 mm breite, hohle Blätter und einen hohlen Stengel.

Meerzwiebel *Urginea maritima* (L.) Bak. Liliengewächse *Liliaceae*
B: Die Meerzwiebel ist eine der auffälligen Blütenpflanzen des Mittelmeergebietes, von der man im Frühling nur die oft aus dem Boden herausragende, 15—20 cm im Durchmesser große und etwa 2 kg schwere, weiße oder rote Zwiebel sieht, mit einem Schopf von 3—6 cm breiten und 30—50 cm langen, parallelnervigen Blättern. Erst im Herbst erhebt sich der 1—1,5 m hohe Blütenschaft mit einer bis 40 cm langen, vielblütigen Traube aus dem nackten Boden. Die ungefähr 1 cm großen, weißen Blüten haben grünliche Staubblätter. August—Oktober.
Die mittleren, fleischigen Blätter der weißen Zwiebel, die herzwirksame Glykoside enthalten, sind offizinell. Die Rasse mit roten Zwiebeln wird als Rattengift verwendet.
S, V: Dünen, Felsfluren, Garigues des Mittelmeergebietes, Kanaren.

Binsenlilie *Aphyllanthes monspeliensis* L. Liliengewächse *Liliaceae*
B: Einzige Art dieser eigentümlichen Gattung. Ausdauernde, bis 25 cm hohe, horstig wachsende Pflanze mit zahlreichen, binsenartigen, blaugrünen, gerippten Stengeln, etwa 1 mm dick, die am Grunde nur braune Scheiden als Überreste von stark zurückgebildeten Blättern tragen. Endständiger Blütenstand aus 1—3, von häutigen Hochblättern umgebenen, zierlichen blauen Blüten mit 6 etwa 2 cm langen Blütenblättern, die an den Enden flach ausgebreitet sind. Frucht eine Kapsel. April—Juli.
S: Garigues, steinige trockene Standorte, auch lichte Wälder.
V: Westliches Mittelmeergebiet, östlich bis Italien.

Große Affodeline *Asphodeline lutea* (L.) Rchb. Liliengewächse *Liliaceae*
B: Im Gegensatz zu den verwandten Affodill-Arten hat die bis 1 m hohe Pflanze einen bis zum Blütenstand dicht beblätterten Stengel. Blätter zugespitzt, 2—5 mm breit, 8—30 cm lang, dreieckig im Querschnitt. Blüten goldgelb, in einer dichten, 15—30 cm langen, sich zur Fruchtzeit bis auf 50 cm verlängernden Traube, Blütenblätter länglich-lanzettlich, etwas ungleichmäßig, 25—30 mm lang. Tragblätter eiförmig zugespitzt, länger als die Blütenstiele. Kapseln rundlich, 1—1,5 cm groß. März—Mai.
S: Garigues, Felsfluren, auch als Zierpflanze in Steingärten kultiviert.
V: Östliches Mittelmeergebiet, westlich bis Italien.
U: Ähnlich die kleinere, bis 60 cm hohe Illyrische Affodeline, *Asphodeline liburnica* (Scop.) Rchb., mit nur bis zur Hälfte beblättertem Stengel.

Mittags-Schwertlilie *Gynandriris sisyrinchium* (L.) Parl. (*Iris sisyrinchium* L.) Schwertliliengewächse *Iridaceae*
B: Die nur bis 25 cm hohe, mehrjährige Art kann lange Trockenzeiten durch eine dicht faserig umhüllte Knolle überdauern, die 10—15 cm tief in der Erde steckt. Die zwei schmalen, rinnigen, schlaffen Blätter sind länger als der Blütenstengel. 2—4 Blüten stehen in den Achseln jedes der 2—3 trockenhäutigen, braunen Hochblätter eines Blütenstandes. Blüten bis 3 cm groß, hellblau, die drei äußeren, abstehenden Blütenblätter mit einem weißen, in der Mitte gelben Fleck, die drei inneren aufrecht, lanzettlich. Jede einzelne der zarten Blüten öffnet sich nur für einen Nachmittag. April—Mai.
S,V: Garigues, grasige Stellen und Wegränder im ganzen Mittelmeergebiet.
U: Viele weitere Arten, die meisten aber mit breiteren, schwertförmigen Blättern, denen die Schwertlilien ihren deutschen Namen verdanken.

Sternklee *Trifolium stellatum* L. Schmetterlingsblütler *Papilionaceae (Fabaceae)*
B: Von den zahlreichen Kleearten des Mittelmeergebietes ist diese einjährige, bis 20 cm hohe Art leicht zu erkennen. Weich abstehend behaarte Stengel mit dreizähligen Blättern, Teilblättchen verkehrt herzförmig, gezähnt, 8—12 mm groß. Blüten in rundlichen bis eiförmigen, 15—25 mm großen und bis 10 cm lang gestielten, einzelnen Blütenköpfen. Charakteristisch sind die lang zugespitzten Kelchzähne, die zunächst aufrecht, zur Fruchtzeit aber sternförmig abstehen, mit abstehenden Haaren besetzt und innen auffällig rotbraun gefärbt sind. Daneben unscheinbar sind die 8—12 mm großen, rosa Blüten, die kaum länger als der Kelch sind. März—Juli.
S: Garigues, Kulturland, an Wegrändern und offenen Standorten.
V: Mittelmeergebiet, Kanaren.

Geflecktes Sandröschen *Tuberaria guttata* (L.)Fourr. Zistrosengewächse *Cistaceae*
B: Zierliches, höchstens bis 30 cm großes, einjähriges, aufrechtes, behaartes Pflänzchen. Blätter der Grundrosette, die zur Blütezeit häufig schon vertrocknet sind, und untere Stengelblätter länglich-elliptisch, obere Blätter mehr lineal-lanzettlich. Endständige, lockere Blütenstände mit lang und dünn gestielten Blüten, diese 1—2 cm im Durchmesser. Blütenblätter gelb, gewöhnlich innen dunkelbraun gefleckt, die zwei äußeren Kelchblätter viel kleiner als die drei inneren. Fruchtstiele abwärts geneigt. Sehr vielgestaltige Art. März—Juni.
S: Offene Garigues, sandige Stellen, Wegränder.
V: Mittelmeergebiet, Westeuropa nördlich bis Irland, Kanaren.

Schmalblättrige Lupine *Lupinus angustifolius* L. Schmetterlingsblütler *Papilionaceae (Fabaceae)*
B: Einjährige, 0,2—0,8 m hohe, aufrechte Pflanze. Blätter gefingert mit 5—9 linealen, an der Spitze abgerundeten, bis 5 cm langen und 2—5 mm breiten Blättchen, oberseits kahl, unterseits etwas behaart. Blaue Blüten wechselständig in 10—20 cm langen Trauben. Blütenkrone 11—13 mm. Früchte kurz behaart mit 4—6 Samen. Giftig. April—Juni.
S: Garigues, Ödland, Felder, auf sauren, oft sandigen Böden.
V: Mittelmeergebiet, Kanaren, in Mitteleuropa gelegentlich kultiviert und verwildert.
U: Ähnlich, bräunlich behaart mit quirlig angeordneten blauen Blüten und bis 15 mm breiten Teilblättchen *Lupinus micranthus* Guss. und mit größerer, 15—17 mm langer Blütenkrone *Lupinus varius* L.

Wälder und Macchien

Pinie *Pinus pinea* L.   Kieferngewächse *Pinaceae*
B: Mit ihrer charakteristischen Schirmform gehört die Pinie zu den auffallendsten Baumgestalten mediterraner Landschaften. Der bis 30 m hohe Stamm hat eine graubraune Borke, die beim Abblättern rötliche Flecken hinterläßt. Nadeln zu zweien in einer Scheide, auffällig lang, 10—20 cm, und kräftig, 1,5—2 mm dick. Zapfen fast kugelig, 8—14 cm lang. Samen 1,5—2 cm groß, ungeflügelt, mit dicker, harter Schale. Sie haben einen mandelartigen Geschmack und werden als Pinienkerne, Piniolen, gehandelt. April—Mai.
S,V: Bildet größere, dichte Waldbestände in den küstennahen Sandgebieten, sonst im ganzen Mittelmeergebiet häufig gepflanzt.

Aleppokiefer *Pinus halepensis* Mill.   Kieferngewächse *Pinaceae*
B: Stamm und Zweige dieser anspruchslosen, bis 20 m hohen Kiefer sind häufig gekrümmt. Borke anfangs silbergrau, später rötlichbraun und tiefrissig. Nadeln zu zweien, dünn und schlaff, 6—15 cm lang und etwa 0,7 mm stark. Zapfen kegelförmig, 5—12 cm lang und bis 4 cm breit, an einem 1—2 cm langen, gekrümmten Stiel. Samen etwa 7 mm groß, 2 cm lang geflügelt. März—Mai.
S, V: Waldbildend auf kalkhaltigen Böden im Mittelmeergebiet.
U: Ähnlich die stattliche, bis 40 m hohe Sternkiefer oder Igelföhre, *Pinus pinaster* Aiton, die im westlichen Mittelmeergebiet auf Silikat- und Sandböden verbreitet ist, sonst gepflanzt. Zweige immer rötlichbraun, Nadeln viel kräftiger als bei der Aleppokiefer, 10—25 cm lang, 2 mm breit. Zapfen zu 3—8 sternförmig gestellt, 8—22 cm lang, 5—8 cm dick, Samen bis 3 cm lang geflügelt. Aus den Stämmen wird Terpentin gewonnen, das das medizinisch verwendete „Gereinigte Terpentinöl" liefert.

Phönizischer Wacholder *Juniperus phoenicea* L.   Zypressengewächse *Cupressaceae*
B: Strauch oder kleiner Baum, 1—2 m (bis 8 m) hoch. Blätter schuppenförmig, den Zweigen dicht angedrückt, 1 mm lang, dunkelgrün, mit häutigem Rand, auf dem Rücken mit einer Drüsenfurche. Blätter von Jungpflanzen dagegen nadelförmig, abstehend, 5—14 mm lang. Blüten unscheinbar. Die im 2. Jahr reifen, 8—14 mm großen Fruchtzapfen sind zuletzt dunkelrot. Februar—April.
S,V: Wälder, Macchien und Garigues im Mittelmeergebiet, Kanaren.
U: Der ebenfalls verbreitete Stechwacholder, *Juniperus oxycedrus* L., hat nadelförmige, in Quirlen zu dreien gestellte Blätter, oberseits mit zwei weißlichen Streifen. Fruchtzapfen 8—10 mm, bei der großfrüchtigen Unterart ssp. *macrocarpa* 12—15 mm.

Vielblütige Heide *Erica multiflora* L.   Heidekrautgewächse *Ericaceae*
B: Immergrüner, gewöhnlich bis 1 m hoher, aufrechter, stark verzweigter Strauch mit kahlen Ästen und nadelförmigen, 6—11 mm langen Blättern, zu 4—5 in Quirlen. Dichte, meist endständige, bis 5 cm lange Blütenstände. Blütenkrone leuchtend rosarot, glockig, 4—5 mm lang, mit 4 Zipfeln geöffnet, auf dünnen, langen, rötlichen Blütenstielen. Staubbeutel dunkelrot, weit aus der Kronröhre herausragend. August—Dezember.
S: Im Unterwuchs lichter Wälder und Macchien, vorwiegend auf Kalk.
V: Mittelmeergebiet, östlich bis Jugoslawien.
U: Ähnlich die im ganzen Mittelmeergebiet häufige, im Frühjahr blühende Baum-Heide, *Erica arborea* L., bis 4 m hoch, auf den Kanarischen Inseln sogar baumförmig bis 15 m hoch, mit dicht weißbehaarten jungen Zweigen, Blätter nur 5 mm lang, und weißen bis hellrosa Blüten mit eingeschlossenen Staubbeuteln. 13 weitere Arten in Westeuropa und im westlichen Mittelmeergebiet.

Wälder und Macchien

Steineiche *Quercus ilex* L.   Buchengewächse *Fagaceae*
B: Die Steineiche ist eine der charakteristischsten Arten der eigentlichen
mediterranen Zone. Sie wäre ohne die wald- und bodenzerstörende Tätigkeit
des Menschen seit dem Altertum der wichtigste waldbildende, immergrüne
Baum des Mittelmeergebietes. Blätter ledrig, eiförmig bis lanzettlich, 3—7 cm
lang, am Grunde abgerundet oder keilig, ganzrandig bis stachelig gezähnt,
oberseits dunkelgrün verkahlend, unterseits dicht graufilzig mit 7—11 Paar
Seitennerven. Blattstiel 6—15 mm. Fruchtbecher mit anliegenden, stumpfen,
weichhaarigen Schuppen. April—Mai.
S: Bildet lichte, strauchreiche, immergrüne Wälder, heute oft bis auf un-
zugängliche Stellen zurückgedrängt.
V: Mittelmeergebiet, im Osten seltener.
U: Ähnlich die Kermeseiche, *Quercus coccifera* L., meist strauchförmig, bis
2 m hoch, in Garigues und Macchien. Ältere Blätter fast kahl mit auf der
Oberseite hervortretenden Nerven, am Rande buchtig-wellig mit stark ste-
chenden Zähnen, breit-eiförmig bis länglich, Blattstiele nur 1—4 mm lang.

Korkeiche *Quercus suber* L.   Buchengewächse *Fagaceae*
B: Immergrüner, bis 20 m hoher Baum mit ausnehmend dicker, korkiger
Borke, unter der nach dem Schälen eine dunkelbraunrote, später graue Rinde
sichtbar wird. Lederartige Blätter, eiförmig-länglich, 3—7 cm lang, 1,5—3,5
cm breit, oberseits glänzend dunkelgrün und kahl, unterseits schwach graufilzig, Blattrand mit je 4—5 Zähnen, Blattstiel 8—15 mm lang. April—Mai.
Zur Gewinnung des Flaschenkorkes ist die erste Ernte nach etwa 25 Jahren
möglich, danach kann ein Baum alle 8—10 Jahre geschält werden.
S,V: Lichte Wälder auf Urgestein im westlichen Mittelmeergebiet, bis Jugoslawien.

Lorbeerbaum *Laurus nobilis* L.   Lorbeergewächse *Lauraceae*
B: Heute einziger europäischer Vertreter der im Tertiär auch bei uns weiter
verbreiteten, heute tropischen Familie der Lorbeergewächse. Eingeschlechtiger
Baum oder Strauch, bis 20 m hoch mit wechselständigen, immergrünen, ledrigen Blättern, 5—10 cm lang, 2—4 cm breit, länglich lanzettlich, beidseitig
zugespitzt, am Rande gewellt mit hervortretender Netznervatur, wie die Zweige
kahl. Vierzählige, kleine, gelbliche Blüten zu 4—6 in rispigen Blütenständen
in den Blattachseln. Frucht eine 1—1,5 cm große Steinfrucht. März—April.
Seit dem Altertum verehrt und zu Siegeskränzen verwendet. Die Blätter haben
heute vor allem als Küchengewürz Bedeutung. Die Früchte liefern Lorbeeröl, das
in tiermedizinischen Salben Anwendung findet.
S: Schattige Wälder in Küstennähe, als Zier- und Gewürzbaum kultiviert.
V: Mittelmeergebiet; auf Madeira, den Azoren und Kanaren der nahe verwandte
Laurus azorica (Seub.) J. Franco mit dicht behaarten jungen Zweigen.

Erdbeerbaum *Arbutus unedo* L.   Heidekrautgewächse *Ericaceae*
B: Eines der charakteristischen Hartlaubgehölze des Mittelmeergebietes, 1,5 bis
3 m (selten bis 12 m) hoher Strauch oder niedriger Baum mit rötlich-
braunem Stamm. Blätter glänzend, derb, lanzettlich und scharf gesägt, Blattstiel weniger als 1 cm lang. Blüten weiß bis rötlich, glockenförmig, in verzweigten Blütenständen. Früchte zunächst gelbe, später dunkelrote, erdbeer-
ähnliche Beeren mit warziger Oberfläche, bis 2 cm Durchmesser, eßbar, aber
fade schmeckend. Oktober—März.
S: Macchien und Wälder, bevorzugt auf Silikatboden.
V: Mittelmeergebiet, westeuropäische Atlantikküste bis Irland.
U: Ähnlich der ostmediterrane *Arbutus andrachne* L. mit kleineren Früchten,
etwa 6 mm im Durchmesser, und etwa 2 cm langem Blattstiel.

Immergrüner Schneeball, Steinlorbeer *Viburnum tinus* L. Geißblattgewächse *Caprifoliaceae*
B: Immergrüner, 1—3 m hoher Strauch oder kleiner Baum mit großen, oberseits dunkelgrün glänzenden, ovalen, zugespitzten, ganzrandigen Blättern, die unterseits drüsig-behaart sind. Blüten schirmförmig in dichten Trugdolden angeordnet, duftend, weiß, etwa 6 mm im Durchmesser, fünfzählig. Reife Früchte eiförmig, metallisch, schwarzblau glänzend. Februar—Juni.
S: Schattige Standorte in Macchien und immergrünen Wäldern, auch als Zierstrauch kultiviert.
V: Mittelmeergebiet.

Mastix-Strauch *Pistacia lentiscus* L. Sumachgewächse *Anacardiaceae*
B: Auch im Sommer zur Zeit der größten Trockenheit noch lebhaft grüner Strauch, seltener kleiner Baum von 1—3 m Höhe mit immergrünen, meist paarig gefiederten Blättern mit 6—12 elliptisch-lanzettlichen Teilblättchen mit kleiner Spitze, Blattstiel geflügelt. Blüten zweihäusig in dichten Blütenständen in den Blattachseln, männliche Blüten auffällig durch die dunkelroten Staubbeutel. Früchte ca. 4 mm groß, rot, später schwarz werdend. März—Juni.
Das aus kultivierten Bäumen vor allem auf der griechischen Insel Chios gewonnene Harz, Mastix, findet technische Verwendung z. B. als Kitt und als Klebemittel, auch für Verbände, außerdem im östlichen Mittelmeergebiet als Kauharz.
S,V: Garigues, Macchien, Wälder des Mittelmeergebietes, Kanaren.
U: Ähnlich die laubwerfende *Pistacia terebinthus* L. mit unpaarig gefiederten Blättern und ungeflügeltem Blattstiel und die wegen der eßbaren Samen („Pistazienkerne") kultivierte *Pistacia vera* L.

Immergrüner Kreuzdorn *Rhamnus alaternus* L. Kreuzdorngewächse *Rhamnaceae*
B: Immergrüner, vielgestaltiger, dornenloser, 1—3 m (selten bis 5 m) hoher Strauch mit derben, sehr unterschiedlichen Blättern, 1—5 cm groß, lanzettlich bis eiförmig, bespitzt oder abgerundet, fein gezähnt oder ganzrandig, auch auf der Oberseite mit ausgeprägter Nervatur. Blütenstand traubig, männliche und weibliche Blüten getrennt, unscheinbar, gelblich, fünfzählig. Früchte etwa 5 mm, zuerst rot, später schwarz werdend. März—April.
S,V: Garigues, Macchien, Wälder, vorwiegend auf Kalk, im ganzen Mittelmeergebiet.
U: Ein weiterer, verbreiteter mediterraner Kreuzdorn ist *Rhamnus lycioides* L. mit sehr schmalen Blättern und Sproßdornen.

Myrte *Myrtus communis* L. Myrtengewächse *Myrtaceae*
B: Immergrüner, bis 5 m hoher Strauch mit derben, gegenständigen, ganzrandigen, kurz gestielten Blättern, bis 5 cm lang, eiförmig-lanzettlich, spitz, drüsig punktiert. Blüten wie die Blätter aromatisch duftend, bis 3 cm im Durchmesser, einzeln in den Blattachseln an bis 3 cm langen Blütenstielen, mit 5 weißen Blütenkronblättern und zahlreichen Staubblättern. Früchte blauschwarze, bis 1 cm große Beeren. Juni—August.
Die Myrte spielt in der griechischen Mythologie eine große Rolle und wird noch heute zu Brautkränzen benützt. Das ätherische Öl der Blätter wird in der Parfümindustrie verwendet.
S: Macchien, Wälder.
V: Mittelmeergebiet, östlich bis Pakistan, seit alten Zeiten kultiviert und verwildert, daher ursprüngliche Verbreitung unsicher.

Wälder und Macchien

Immergrüner Seidelbast *Daphne gnidium* L. Seidelbastgewächse
Thymelaeaceae
B: Immergrüner, wenig verzweigter, 0,5—2 m hoher Strauch mit aufrechten
Zweigen, gleichmäßig dicht mit kahlen, ledrigen, lineal bis lanzettlichen,
bespitzten, blaugrünen Blättern besetzt, die 2—5 cm lang und 3—8 mm breit
sind. Blüten gelblich-weiß in endständigen Blütenständen, Blütenstiele
und Blütenbecher seidig behaart. Früchte fleischig, eiförmig, rot, später
schwärzlich, wie die Blätter sehr giftig. Im Altertum als Heilmittel verwendet.
März—September.
S: Im Unterwuchs von Macchien und Wäldern.
V: Mittelmeergebiet, Kanaren.

Dornginster *Calicotome spinosa* (L.) Link Schmetterlingsblütler
Papilionaceae (Fabaceae)
B: Bis 3 m hoher Strauch mit starken, spitzen Dornen. Blätter bis zum
Sommer meist abgefallen, dreizählig, Teilblättchen verkehrt eiförmig, 5—15
mm lang, unterseits schwach seidenhaarig, oben kahl. Blüten meist einzeln,
gelegentlich in Büscheln, Blütenkrone goldgelb, 12—18 mm. Beim Auf-
blühen wird der obere Teil des röhrenförmigen Kelches emporgehoben und
vom unteren getrennt. Hülsen 3 cm lang, kahl bis schwach behaart. April bis
Juni.
S: In Macchien, lichten Wäldern und Garigues oft große Flächen bedeckend,
bevorzugt auf saurem Gestein.
V: Westliches Mittelmeergebiet, östlich bis Italien.
U: Ähnlich *Calicotome villosa* (Poiret) Link mit Schwerpunkt im östlichen
Mittelmeergebiet. Unterscheidet sich durch schwächere Dornen und dicht
seidige bis rauh wollige Behaarung der ganzen Pflanze. Blüten zu 2—15.

Pfriemenginster *Spartium junceum* L. Schmetterlingsblütler *Papilionaceae*
(Fabaceae)
B: 1—3 m hoher Rutenstrauch mit graugrünen, kahlen, aufrechten Ästen
und nur einzelnen, hinfälligen, einfachen, 1—3 cm langen, unterseits seiden-
haarigen Blättchen. Leuchtend gelbe, 2—2,5 cm große, duftende Blüten in
aufrechten, endständigen Trauben. Hülsen flach, 4—8 cm lang, schwarz-
braun, seidig behaart mit 10—18 rötlichgelben, glänzenden Samen. Giftig.
April—Juli.
Die Triebe werden zum Flechten von Körben verwendet. In Gärten wird die
Art öfter kultiviert, auch mit gefüllten Blüten.
S: Macchien, lichte Wälder, Garigues, bevorzugt auf Kalk.
V: Mittelmeergebiet, Azoren, Kanaren, auch in anderen Erdteilen kultiviert
und gelegentlich eingebürgert.

Schmalblättrige Steinlinde *Phillyrea angustifolia* L. Ölbaumgewächse
Oleaceae
B: Immergrüner, bis 2,5 m hoher Strauch. Alle Blätter gegenständig, lineal
bis lanzettlich, 30—80 mm lang, 3—15 mm breit, dunkelgrün, ledrig, ganz-
randig, selten entfernt gezähnt, mit 4—6 Paar undeutlicher Seitennerven.
Blüten in kurzen, achselständigen Trauben, grünlich-weiß, mit vier Kelch-
und Blütenblättern. Fleischige Früchte, im Herbst blauschwarz, etwa 6 mm
groß. März—Mai.
S: Macchien, lichte Wälder, bevorzugt auf Kalk.
V: Westliches und zentrales Mittelmeergebiet, östlich bis Albanien, Kanaren.
U: Ähnlich *Phillyrea latifolia* L., Strauch oder kleiner Baum bis 15 m, mit
mehr eiförmigen Blättern, mehr oder weniger gesägt oder gezähnt, mit 7—11
Paar deutlicher Seitennerven, Früchte 7—10 mm groß (Mittelmeergebiet).

Knollige Osterluzei *Aristolochia rotunda* L.   Osterluzeigewächse
Aristolochiaceae
B: Bis 60 cm hohe, häufig verzweigte, krautige Pflanze, mit aufrechtem oder
niederliegendem Stengel und rundlicher Knolle. Blätter eiförmig-rundlich,
2—7 cm lang, fast sitzend und stengelumfassend. Die einzeln in den Blattachseln stehenden Blüten sind Kesselfallenblumen. Blütenhülle eine 3—5
cm lange, am Grunde erweiterte, gelbgrüne Röhre mit einer dunkelbraun-
roten, dachförmigen Lippe. April—Juni.
S: Wälder, Waldränder, Hecken, auch im Kulturland.
V: Mittelmeergebiet
U: Weitere 14 Arten im Mittelmeerraum, meist auf kleine Gebiete beschränkt.
Weiter verbreitet sind *Aristolochia pallida* Willd. und *Aristolochia longa* L.
mit einzelnen Blüten und kleinen, gestielten Blättern und *Aristolochia clema-
titis* L. mit 2—8 gelben Blüten in der Achsel eines Blattes.

Stechwinde *Smilax aspera* L.   Liliengewächse   *Liliaceae*
B: Im Herbst blühende, verholzte, bis 2 m hohe Kletterpflanze mit derben,
glänzenden, herz- oder spießförmigen Blättern, am Grund des Blattstiels mit
zwei Ranken. Blätter am Rande und auf den Hauptnerven ebenso wie der
zick-zack-förmig hin- und hergebogene Stengel mit hakigen Stacheln. Zierliche, gelblichgrüne bis rosa, wohlriechende Blüten in büscheligen Blütenständen, männliche und weibliche Blüten auf getrennten Pflanzen. Die Früchte
sind rote Beeren, die noch im Frühjahr zu sehen sind. August—Oktober.
Die jungen Sprosse werden als Wildspargelgemüse gegessen.
S: In den Sträuchern der Wälder und Macchien kletternd, auch an Wegrändern und Mauern.
V: Mittelmeergebiet, östlich bis Indien.

Macchien-Geißblatt *Lonicera implexa* Aiton   Geißblattgewächse   *Caprifoliaceae*
B: Bis 2 m hoch windender Halbstrauch mit ledrigen, immergrünen, gegenständigen, eiförmig-elliptischen Blättern, oberseits dunkelgrün glänzend, unterseits blaugrün, am Rande durchscheinend. Obere Blätter der blühenden Zweige
am Grunde miteinander verwachsen. Blüten wirtelig angeordnet, zu 2—6 in
den Blattachseln der letzten Blätter. Blütenkrone mit 3—4,5 cm langer, gelb-
licher, später rot überlaufener Röhre und weit herausragenden Staubblättern.
Rote Beeren. April—Juni.
S,V: Wälder und Macchien des Mittelmeergebietes.
U: Ähnlich *Lonicera etrusca* Santi mit sommergrünen Blättern und Blüten zu
8—12 in langgestielten Blütenständen.

Stechender Spargel *Asparagus acutifolius* L.   Liliengewächse   *Liliaceae*
B: Kletternder Halbstrauch mit sparrigen, meterlangen, verholzten Zweigen.
In den Achseln kleiner, schuppenförmiger Blätter stehen 4—12 etwa 5 mm
lange, nadelförmige, steife Kurztriebe, die die Aufgabe der Blätter übernom-
men haben. Blüten gelblichgrün, zu 1—2, kurz gestielt, mit sechszipfeliger
Krone. Rote, später schwarze Beeren. August—September. Die im Frühling
erscheinenden jungen, grünen Sprosse werden als Wildspargel gesammelt und
gegessen.
S,V: Macchien, Wälder, Garigues des Mittelmeergebietes.
U: Zwei verwandte, im Mittelmeergebiet mehr südlich verbreitete Arten
sind *Asparagus aphyllus* L. mit nichtkletternden Stengeln, Kurztriebe in
Büscheln zu 2—6, und *Asparagus stipularis* Forsk. mit einzeln stehenden,
sehr kräftigen, 2—3 cm langen Kurztrieben.

Wälder und Macchien

Palisaden-Wolfsmilch   *Euphorbia characias* L.   Wolfsmilchgewächse
Euphorbiaceae
B: Diese stattliche, bis 1,8 m hohe Wolfsmilch ist am Grunde verholzt und
hat kräftige, aufrechte, unverzweigte Stengel. In ihrem oberen Teil stehen
die Blätter dicht gedrängt und sind bis 13 cm lang und bis 1 cm breit,
lanzettlich, ganzrandig, graugrün. Langer Blütenstand mit 10—20-strahliger
Enddolde und zahlreichen seitlichen Blütenästen, Hochblatthüllchen schüssel-
förmig verwachsen. Die westmediterrane Unterart ssp. *characias* hat auffallende, rötlich-braune Drüsen mit kurzen Hörnern, die ostmediterrane ssp.
wulfenii (Hoppe ex Koch) A.R.Sm. dagegen gelbe Drüsen mit langen
Hörnern. Fruchtkapsel etwa 6 mm groß, dicht weichhaarig. Februar—Juli.
S,V: Macchien und Wälder, auch Garigues im ganzen Mittelmeergebiet.

Geschweiftblättriges Alpenveilchen   *Cyclamen repandum* Sibth. & Sm.
Primelgewächse   *Primulaceae*
B: Ausdauernde Pflanze mit rundlicher, im Durchmesser 1,5—3,5 cm großer,
unten bewurzelter Knolle. Lang gestielte, breit herzförmige, zugespitzte
Blätter mit tief gezähntem bis buchtig geschweiftem Rand. Blüten einzeln,
lang gestielt, meist rosarot, seltener weiß, Blütenkronblätter am Grunde ver-
wachsen, mit 1,5—3 cm langen, zurückgeschlagenen Lappen. März—Mai.
S: Im Unterwuchs schattiger, immergrüner Wälder und Gebüsche.
V: Zentrales und östliches Mittelmeergebiet.
U: Ähnlich das im Herbst blühende *Cyclamen hederifolium* Aiton mit nach
den Blüten erscheinenden Blättern und einer 3—15 cm großen, in der oberen
Hälfte bewurzelten Knolle, und das in SW-Asien beheimatete *Cyclamen
persicum* Mill., von dem die Alpenveilchen unserer Fensterbretter abstammen.

Stechender Mäusedorn   *Ruscus aculeatus* L.   Liliengewächse   *Liliaceae*
B: Immergrüner, stark verzweigter, 0,2—0,8 m hoher Halbstrauch mit zweizeilig angeordneten, starren, ovalen, etwa 2,5 cm langen, kräftiggrünen, blatt-
artig verbreiterten Zweigen, die in eine stechende Spitze auslaufen und
in den Achseln von Schuppenblättchen sitzen. Grünlich-weiße Blüten, einzeln oder zu wenigen büschelig gehäuft in der Achsel eines kleinen Hoch-
blattes auf der Oberseite der Flachsprosse, so daß die Blüten scheinbar auf
„Blättern" sitzen. Männliche und weibliche Blüten auf getrennten Pflanzen.
Frucht eine glänzend rote, etwa 1,5 cm große Beere. September—April. Die
jungen Sprosse sind eßbar, die Zweige werden in Trockensträußen verwendet.
S: Im Unterwuchs von immergrünen Eichenwäldern und Macchien.
V: Mittelmeergebiet, Westeuropa, nördlich bis England.
U: Ähnlich der Zungen-Mäusedorn *Ruscus hypoglossum* L., nur 30—40 cm
hoch, mit ledrigen, nicht stechenden, größeren, 4—9 cm langen Flachsprossen.

Großes Immergrün *Vinca major* L.   Hundsgiftgewächse   *Apocynaceae*
B: Mehrjährige, bis 1 m kriechende Pflanze mit immergrünen, gegenständigen, eiförmigen, am Grunde abgerundeten bis herzförmigen, am Rande fein
bewimperten Blättern. Blüten einzeln in den oberen Blattachseln aufsteigen-
der Triebe, Blütenstiel kürzer als das zugehörige Blatt. Blütenkrone hellblau
oder violett, selten weiß, mit trichterförmiger Röhre und fünf ausgebreiteten,
schiefen, vorn abgeschnittenen Zipfeln, 3—5 cm im Durchmesser. Kelchzipfel
sehr schmal-dreieckig, dicht bewimpert. Früchte 4—5 cm groß. März—Juni.
S: Schattige Stellen in Wäldern und Macchien, auch in Gebüschen und
Hecken, an Wegrändern und als Zierpflanze kultiviert und verwildert.
V: Westliches und zentrales Mittelmeergebiet, sonst öfter eingebürgert.
U: Ähnlich die im westlichen Mittelmeergebiet verbreitete *Vinca difformis*
Pourret mit kahlen Blatträndern und Kelchzipfeln.

42

Wasserläufe

Pfahlrohr, Riesenschilf *Arundo donax* L.   Süßgräser   *Gramineae*
(Poaceae)
B: Größtes Gras Europas, 2—5 m hoch, an Bambus erinnernd. Halm holzig,
2—3 cm im Durchmesser, Blätter schilfähnlich, 2—5 cm breit, mit glatten
Rändern. Blüten in bis 70 cm langen, dichten Rispen, Spelzen rötlich violett,
Deckspelzen lang seidig behaart, dadurch der ganze Blütenstand im Herbst
silbrig glänzend. Durch einen weit kriechenden Wurzelstock starke vegetative
Vermehrung. September—Dezember.
Vielfältige Verwendung zu Windschutzpflanzungen, getrocknet zu Körben,
Matten, Angelruten, auch in Musikinstrumenten.
S: An Gräben, Flußufern, feuchten Plätzen kultiviert und eingebürgert.
V: Im ganzen Mittelmeergebiet, Kanaren, Azoren verbreitet, Herkunft wahr-
scheinlich Orient.
U: Ähnlich unser mitteleuropäisches Schilfrohr, *Phragmites communis* Trin.,
in allen Teilen kleiner und nicht holzig.

Oleander   *Nerium oleander* L.   Hundsgiftgewächse   *Apocynaceae*
B: Kräftiger Strauch oder kleiner Baum, bis 4 m hoch. Blätter immergrün,
ledrig, meist zu 3—4 quirlständig, seltener gegenständig, bis 15 cm lang und
2 cm breit, lanzettlich, in den Stiel verschmälert. Duftende Blüten in endständigen, trugdoldigen Blütenständen, Blütenkrone rosarot oder weiß, 3—4
cm im Durchmesser mit trichterförmiger Kronröhre und fünf nach rechts
gedrehten, schief abgeschnittenen, radförmig ausgebreiteten Kronzipfeln, im
Schlund mit zerschlitzten Anhängseln. Auffällige, 8—16 cm lange, rötlich-
braune Früchte, Samen mit langem, braunen Haarschopf. Juli—September.
Die sehr giftige, milchsaftführende Pflanze enthält herzwirksame Glykoside.
S: Flußufer, Wasserläufe, auch in zeitweilig trockenen Bachbetten. In Hecken
und als Zierpflanze häufig kultiviert, auch mit gefüllten Blüten.
V: Mittelmeergebiet.

Keuschbaum, Mönchspfeffer   *Vitex agnus-castus* L.   Eisenkrautgewächse
Verbenaceae
B: Bis 6 m hoher, kräftiger Strauch mit graufilzigen, jungen Zweigen. Blätter sommergrün, langgestielt, handförmig 5—7-fach geteilt, Teilblätter lanzettlich, fast ganzrandig, bis 10 cm lang, unterseits weißfilzig, oben kahl. Kleine,
duftende, blaue, selten rosa Blüten, 2-lippig, außen behaart, in endständigen,
verzweigten, ährenartigen Blütenständen, Staubblätter lang herausragend.
Kleine fleischige, rötlich-schwarze Früchte, als Gewürz wie Pfeffer, früher
auch als Antaphrodisiakum verwendet. Juni—September.
S: Flußufer, feuchte Standorte, häufig als Zierstrauch gepflanzt.
V: Mittelmeergebiet.

Afrikanische Tamariske   *Tamarix africana* Poiret   Tamariskengewächse
Tamaricaceae
B: Strauch oder kleiner Baum, 2—3 m hoch, mit dunkler Rinde. Blätter
schuppenförmig, den Zweigen eng anliegend, durchscheinend berandet. Zahl-
reiche rosa oder weißliche, fast sitzende, fünfzählige Blüten in 3—6 cm langen
und 5—8 mm breiten Trauben erscheinen vor oder mit den Blättern, meist
an vorjährigen Zweigen. Blütenblätter 2—3 mm lang. April—Juni.
S: Flußläufe, Flachküsten.
V: Westliches und zentrales Mittelmeergebiet, östlich bis Italien.
U: Ähnlich *Tamarix gallica* L., bis 10 m hoch, mit blaugrünen Blättern und
Blütenständen an diesjährigen, beblätterten Zweigen, Blütenblätter 1,5—2 mm
groß, häufig als Zierpflanze kultiviert. Mehrere weitere Arten, vor allem im
östlichen Mittelmeergebiet.

Kulturland

Ölbaum   *Olea europaea* L.   Ölbaumgewächse   *Oleaceae*
B: Wichtigster Kulturbaum des Mittelmeergebietes, der weite Teile der Landschaften prägt und ihnen ihren einmaligen Charakter verleiht. Immergrüner, im Alter kräftig-knorriger Baum, bis 15 m hoch, mit breiter Krone und grauer, rissiger Borke. Blätter 2—8 cm lang, länglich-lanzettlich, ledrig, kurz gestielt, oberseits dunkelgrün, unterseits silbergrau schimmernd. Kleine, gelblich-weiße, vierzählige Blüten in rispigen Blütenständen. Früchte 1—3,5 cm groß, fleischig mit hartem Steinkern, zunächst grün, reif bräunlich bis schwarzblau. Mai—Juni, Früchte: Oktober—November.
Die Früchte liefern Olivenöl, das als Speiseöl, für technische Zwecke und auch pharmazeutisch verwendet wird. Oliven werden auch in Salzwasser eingelegt gegessen. Zubereitungen aus den Blättern wirken blutdrucksenkend. Darüber hinaus wird das stark gemaserte Holz viel zu Drechsel- und Schnitzarbeiten verwendet.
S,V: Häufigster Kulturbaum im ganzen Mittelmeergebiet, auch Kanaren.
U: Die in Wäldern und Macchien vorkommende Varietät var. *sylvestris* Brot. gilt als Wildform des Ölbaums. Sie unterscheidet sich durch kleinere Blätter, bedornte Zweige und kleine ölarme, bittere Früchte von der Kulturform.

Johannisbrotbaum   *Ceratonia siliqua* L.   Johannisbrotgewächse
Caesalpiniaceae
B: Langsamwüchsiger, immergrüner, 5—10 m hoher Baum mit ausladenden, dicht belaubten Ästen. Blätter paarig gefiedert mit je 4—10 rundlichen, dunkelgrünglänzenden, ledrigen und leicht gewellten Einzelblättchen. Die unscheinbaren, grünlichen, kronblattlosen Blüten sitzen direkt an Stamm und Ästen. Die zuletzt dunkelbraun-ledrigen, bis 20 cm langen Früchte werden als Viehfutter verwendet, sind aber auch für den Menschen genießbar und haben gewisse Bedeutung bei der Behandlung von Verdauungsstörungen von Kindern. Die getrockneten Samen waren die Grundlage für die Einheit „Karat" der Juweliere. August—Oktober.
S: An Felsen in Küstennähe, auch in Macchien, als Frucht- und Schattenbaum häufig kultiviert.
V: Südliches Mittelmeergebiet, ursprüngliches Verbreitungsgebiet unsicher.

Skorpionsschwanz   *Scorpiurus muricatus* L.   Schmetterlingsblütler
Papilionaceae (Fabaceae)
B: Einjährige, niederliegende, häufig flach ausgebreitete bis aufsteigende Pflanze mit bis 80 cm langen Stengeln. Blätter einfach, spatelig, in den Stiel lang verschmälert, mit 3—5 parallelen Nerven. Blüten zu 2—5 in langgestielten Köpfchen. Blütenkrone gelb, 5—10 mm lang. Charakteristische, spiralig gedrehte Hülsen, häufig mit Höckern oder Stacheln auf den äußeren Rippen. April—Juni.
S,V: Kulturland, Ödland im ganzen Mittelmeergebiet.
U: Ähnlich *Scorpiurus vermiculatus* L. mit meist einzelnen, 10—20 mm großen Blüten, äußere Rippen der Hülsen mit köpfchenförmigen Höckern.

Rosenlauch   *Allium roseum* L.   Liliengewächse   *Liliaceae*
B: Runder, aufrechter, 0,2—0,5 m hoher Stengel, am Grunde mit 2—5 flachen, 5—12 mm breiten, am Rande fein gezähnten Blättern. Blütenstand eine Scheindolde mit über 30 rosa Blüten. Blütenblätter etwa 10—14 mm lang, länglichoval, stumpflich. Blütenstiele zwei- bis dreimal so lang wie die Blüten, länger als die Hüllblattscheide des Blütenstandes, häufig mit Brutzwiebeln. Zwiebeln von zahlreichen Nebenzwiebeln umgeben. April—Juni.
S,V: Als Unkraut in Baumkulturen, Weinbergen, Feldern, auch im Ödland und an Wegrändern, oft in großen Herden im ganzen Mittelmeergebiet.

46

Kulturland

Feigenbaum *Ficus carica* L.   Maulbeergewächse *Moraceae*
B: Erst vom April an belaubter, weit ausladender, sommergrüner, 2—5 m hoher
Baum oder Strauch mit glatter, silbergrauer Rinde und dicken Zweigen. Blätter bis
20 cm groß, meist drei- bis fünflappig. Viele unscheinbare Blüten an den Innen-
wänden von 5—7 cm großen, fleischigen, krugförmigen Gebilden, aus denen die
eßbaren Früchte entstehen. Bei der Wildform komplizierte Bestäubung durch
Gallwespen. Juni—September. Getrocknet als Nahrungsmittel und als Abführmittel verwendet.
S: Ursprünglich an Felsen und in Garigues, verbreitet in Baumkulturen.
V: Mittelmeergebiet, bis NW-Indien und bis zu den Kanaren, heute in den
warmen Regionen weltweit kultiviert.

Orange *Citrus sinensis* (L.) Osbeck   Rautengewächse *Rutaceae*
B: Kleiner, immergrüner Baum mit ledrigen, etwas gezähnten, eiförmig-lanzettlichen, dunkelgrünen Blättern, Blattstiel geflügelt. Blüten einzeln oder zu wenigen
mit meist 5 dicklichen, weißen Blütenblättern, stark duftend, mit zahlreichen
Staubblättern. Blüten und Früchte das ganze Jahr hindurch.
S, V: Heimat: China, im Mittelmeergebiet seit dem 16. Jahrhundert kultiviert.
U: Viele verwandte Arten mit großer wirtschaftlicher Bedeutung als Obst, in der
pharmazeutischen und in der Parfümindustrie: Zitrone, *Citrus limon* (L.) Burm.
fil., liefert das offizinelle Citronenöl. Zitronat-Zitrone, *Citrus medica* L., mit großen, sehr dickschaligen Früchten. Pomeranze, Bitterorange, *Citrus aurantium* L.,
liefert Orangeat und dient zur Herstellung von Orangenmarmelade; aus den Blüten wird das Neroliöl destilliert. Zubereitungen aus Pomeranzenschale werden als
aromatisches Bittermittel verwendet. Weitere Arten: Grapefruit, *Citrus paradisi*
Macf., Mandarine, *Citrus deliciosa* Ten., viele Kreuzungen.

Nickender Sauerklee   *Oxalis pes-caprae* L. Sauerkleegewächse   *Oxali-
daceae*
B: Mit einem Wurzelstock ausdauernde Pflanze mit zahlreichen, grundstän-
digen langgestielten, kleeblattartigen Blättern, 10—25 cm hoher Blütenstand
mit 6—12 doldenförmig angeordneten, fünfzähligen, zitronengelben, 20—25
mm langen Blüten. Fruchtkapseln werden sehr selten ausgebildet, die Vermehrung erfolgt im Mittelmeergebiet durch Knöllchen. November—Mai.
S: Als Unkraut im Kulturland, vor allem unter Baumkulturen oft großflächig
verbreitet und zur Blütezeit das Landschaftsbild bestimmend; gelegentlich
auch mit gefüllten Blüten kultiviert und verwildert.
V: Heimat: Südafrika, im Mittelmeergebiet, Kanaren und weiter seit dem 19.
Jahrhundert eingeschleppt und eingebürgert.

Acker-Löwenmaul   *Misopates orontium* (L.) Rafin.   *(Antirrhinum orontium L.)*   Rachenblütler *Scrophulariaceae*
B: Einjähriges, aufrechtes, wenig verzweigtes, 0,2—0,5 m hohes Unkraut mit
unten gegenständigen, oben meist wechselständigen, schmallanzettlichen, 2—5
cm langen Blättern. Blüten in einer· lockeren, endständigen Traube, kurzgestielt, einzeln in den Achseln von langen Tragblättern. Blütenkrone zweilippig, 10—15 mm groß, rosa, selten auch weißlich, gleich lang oder kürzer
als der Kelch, Kelchzähne ungleich lang. Fruchtkapseln eiförmig, höckerig,
8—10 mm, drüsig behaart, sich mit Poren öffnend. Giftig. März—September.
S: Kulturland, Ödland, Wegränder.
V: Mittelmeergebiet, bis Westsibirien, Himalaja, Abessinien, bis Madeira und
zu den Kanaren, selten auch bis Mittel- und Westeuropa.
U: Ähnlich das westmediterrane *Misopates calycinum* Rothm. mit 18—22
mm großer, weißer Blütenkrone, Kelch kürzer als die Krone.

Kulturland

Dattelpalme *Phoenix dactylifera* L. Palmengewächse *Palmae*
B: Schlanker, bis 30 m hoher Baum mit einer Krone von großen, gefiederten Blättern. Jedes abfallende Blatt hinterläßt eine Narbe und gibt dem Stamm ein mosaikartiges Aussehen. Blütenstände zunächst in scheidenförmigen Hochblättern, reich verzweigt, zweihäusig verteilt. Völlig reif werden die Datteln in Europa nur in Südspanien (Elche) und Sizilien. Durch hohen Zuckergehalt wichtiges Nahrungsmittel in den Trockengebieten Nordafrikas. Verwendung der Palmwedel zu religiösen Zwecken (Palmsonntag).
S,V: Kulturpflanze im südlichen Mittelmeergebiet, auch als Zierbaum.
U: Als Straßenbaum wird häufig die ähnliche Kanarische Dattelpalme, *Phoenix canariensis* Chab. (Heimat: Kanaren), mit gedrungenem Stamm, vollerer Krone und etwas schief stehenden Wedeln gepflanzt. Früchte klein und ungenießbar. Schnellwüchsiger und weniger empfindlich gegen Kälte.

Artischocke *Cynara scolymus* L. Korbblütler *Compositae (Asteraceae)*
B: Zweijährige, kräftige, 0,5—1,5 m hohe Pflanze mit großen, fiederspaltigen bis einfachen Blättern. Blütenköpfe sehr groß, 8—15 cm im Durchmesser, mit blauen Röhrenblüten. Der stark fleischige Blütenboden zusammen mit den am Grunde ebenfalls fleischigen, äußeren und mittleren, stumpfen Hüllblättern der kurz vor dem Aufblühen stehenden Blütenköpfe ergibt ein delikates Gemüse. Medizinisch hat die Pflanze u.a. Bedeutung bei der Behandlung von Gallenerkrankungen. April—August.
S,V: In mehreren Zuchtformen im Mittelmeergebiet und weiter angebaut, dort wohl auch Ursprung.
U: Nahe verwandt ist die Kardone, *Cynara cardunculus* L., mit 1—2-fach gefiederten, bedornten Blättern und 5 cm großen Blütenköpfen, die Hüllblätter mit langen, kräftigen Dornen, als Gemüse und Zierpflanze kultiviert.

Acker-Ringelblume *Calendula arvensis* L. Korbblütler *Compositae (Asteraceae)*
B: Aufsteigende bis niederliegende, einjährige, 10—30 cm hohe Pflanze mit flaumig-behaartem Stengel. Blätter länglich-lanzettlich, etwas gewellt, ganzrandig bis entfernt gezähnt, sitzend, die oberen halbstengelumfassend, Blüten in endständigen, 1—2 cm großen Köpfchen, einzeln, orange- bis goldgelb, sich zur Fruchtzeit nach unten neigend. In jedem Köpfchen drei Fruchtformen: außen gekrümmte, mit vielen Stacheln besetzte Hakenfrüchte, dazwischen Früchte mit seitlichen Flügeln und innen schmale, raupenförmige Ringelfrüchte. April—Oktober.
S: Als Unkraut in Baumkulturen, Weinbergen, Feldern, an Wegrändern.
V: Mittelmeergebiet, östlich bis Südpersien, westlich bis zu den Kanaren, selten bis in die wärmsten Gebiete Mitteleuropas.
U: Wesentlich kräftiger, großblütiger, die verbreitet kultivierte und pharmazeutisch verwendete Garten-Ringelblume, *Calendula officinalis* L.

Saat-Siegwurz *Gladiolus italicus* Mill. *(Gladiolus segetum* Ker.-G.*)* Schwertliliengewächse *Iridaceae*
B: Grazile, ausdauernde, 0,4—0,8 m hohe Pflanze mit längsgefalteten Blättern mit hervortretender Nervatur. Blüten zu 6—12 in einer Reihe übereinanderstehend, in den Achseln von Tragblättern, die fast so lang wie die Blüten sind. Die drei unteren der sechs Blütenblätter mit weißen Streifen und dunkelroter Einfassung. April—Juni.
S: Unter Baumkulturen und in Getreidefeldern.
V: Mittelmeergebiet, auch bis Persien und zu den Kanaren, Madeira.
U: Ähnlich *Gladiolus communis* L. und *Gladiolus illyricus* Koch, zwei Arten der Gariguen und Felsfluren mit kleineren Blütentragblättern.

Krummstab *Arisarum vulgare* Targ.-Tozz.   Aronstabgewächse *Araceae*
B: Mit einer Knolle ausdauernde, bis 30 cm hohe Pflanze. Blätter grundständig, lang gestielt mit ei-pfeilförmiger Spreite. Der zierliche Blütenstand
wird von einer blattartigen Scheide eingehüllt, die, teilweise zu einer braun-
violett gestreiften Röhre verwachsen, helmförmig den nach vorn gekrümmten
und herausragenden Blütenkolben überdeckt. An diesem sitzen oben die
männlichen und unten die weiblichen Blüten. März - Mai und Oktober bis
November.
S: Kulturland, Brachfelder, Gebüsche.
V: Mittelmeergebiet, Kanaren.

Kronen-Anemone *Anemone coronaria* L.   Hahnenfußgewächse
Ranunculaceae
B: Eine der buntesten Arten des Mittelmeergebietes, mehrjährig, mit unverzweigtem, bis 45 cm hohem Stengel. Grundblätter mehrfach gefiedert, Stengel
mit drei fein zerteilten, wirteligen Hochblättern und einer einzelnen, rot,
blau oder weiß gefärbten Blüte, 3,5—6,5 cm im Durchmesser, mit 5—8
elliptischen, auf der Unterseite seidig behaarten Blütenblättern. Februar bis
April.
S,V: Kulturland des Mittelmeergebietes, auch als Zierpflanze kultiviert und
verwildert, in Mitteleuropa im Spätwinter häufig als Schnittblume angeboten.
U: Ähnlich *Anemone hortensis* L. mit 12—19 schmal elliptischen, meist blaßrosa Blütenblättern und gewöhnlich ungeteilten, lanzettlichen Hochblättern.

Blasen-Wundklee *Anthyllis tetraphylla* L.   Schmetterlingsblütler
Papilionaceae (Fabaceae)
B: Einjährige, niederliegende, bis 50 cm lang kriechende Pflanze mit behaarten Stengeln und Blättern, diese unpaarig gefiedert mit höchstens fünf Blättchen, wobei das eiförmige Endblättchen wesentlich größer ist als die seitlichen, bis 1,5 cm lang. Blüten bis zu 7 büschelig gehäuft in den Blattachseln. Blütenkrone hellgelb, das Schiffchen der Schmetterlingsblüte häufig an
der Spitze rot gefärbt. Charakteristisch ist der besonders zur Fruchtzeit stark
aufgeblasene, seidig behaarte Kelch. Nur wenig kürzer als die Blüte, läuft er
in fünf gleiche, spitze Zähne aus. Hülse zweisamig, zwischen den Samen
eingeschnürt. März—Juli.
S,V: Kultur- und Ödland im ganzen Mittelmeergebiet.
U: Verwandt ist der mit mehreren Unterarten auch bis Mitteleuropa reichende
Gemeine Wundklee *Anthyllis vulneraria* L. mit ungleich 5-zähnigem Kelch.

Purpur-Platterbse *Lathyrus clymenum* L.   Schmetterlingsblütler
Papilionaceae (Fabaceae)
B: Einjährige, bis 1 m große, kahle Pflanze. Stengel, Blattstiel und Blatt-
spindel geflügelt, mit 2—4 Paar 6—11 mm breiten, 2—6 cm langen Fiederblättchen und Blattranken, die unteren Blätter bis auf den Blattstiel zurück-
gebildet. Purpurrote Blüten, zu 1—5 an einem langen Stiel, bis 2 cm groß,
mit ausgerandeter Fahne. Hülse 3—7 cm lang, braun, mit gefurchter Rückennaht. März—Juni.
S: Kulturland, Ödland, Wegränder.
V: Mittelmeergebiet, Azoren, Kanaren.
U: Sehr ähnlich *Lathyrus articulatus* L. mit schmaleren Blättchen, Blüten
mit weißen oder rosa Flügeln und zugespitzter Fahne, Rückennaht der Hülse
nicht gefurcht.

Kulturland

Italienische Ochsenzunge   *Anchusa azurea* Mill.   *(Anchusa italica* Retz.*)*
Rauhblattgewächse   *Boraginaceae*
B: Im Mittelmeergebiet meist ausdauernde, oben stark ästige, 0,3—0,8
m hohe Pflanze, dicht mit weißen, steifen Haaren besetzt. Blätter lanzettlich,
häufig gewellt oder gezähnelt, untere Blätter 10—30 cm lang, 1,5—5 cm
breit. Leuchtend blaue Blüten in Doppelwickeln. Blütenkrone 10—15 mm im
Durchmesser mit flach ausgebreitetem Saum, in der Mitte mit einem weißen
Ring aus langbehaarten Schlundschuppen, Kelch fast bis zum Grunde in
lineale, spitze Abschnitte geteilt. April—August.
S: Kulturland, Ödland, Wegränder.
V: Mittelmeergebiet, Kanaren, Madeira, östlich bis Pakistan, in Mitteleuropa
als Zierpflanze kultiviert und verschleppt.
U: Von den etwa 20 europäischen Arten dieser Gattung sind die meisten auf
kleine Teile des Mittelmeergebietes beschränkt, weiter verbreitet ist nur noch
Anchusa officinalis L. mit kleineren Blüten, 5—10 mm im Durchmesser.

Kronen-Wucherblume   *Chrysanthemum coronarium* L.   Korbblütler
Compositae   (Asteraceae)
B: Einjähriges, aufrechtes, reich verzweigtes, unbehaartes, 0,3—0,8 m hohes
Kraut. Blätter sitzend, doppelt fiederteilig mit lanzettlich zugespitzten Lappen.
Blütenköpfe einzeln, 3—6 cm im Durchmesser mit gelben Scheiben- und
Zungenblüten, Hüllkelchblätter abgerundet, besonders die inneren mit breitem,
trockenhäutigem Rand. Zwei Varietäten kommen gelegentlich gemeinsam
vor, von denen die eine dunkelgelbe Zungenblüten, die andere aber außen
blaßgelbe, nur am Grunde dunkelgelbe Zungenblüten hat. März—Juli.
S: Als Unkraut im Kultur- und Ödland oft weite Flächen überziehend, auch
in Gärten kultiviert und verwildert.
V: Mittelmeergebiet, Kanaren.
U: Ähnlich *Chrysanthemum segetum* L. mit grobgesägten bis fiederspaltigen Blättern und *Chrysanthemum myconis* L. mit feingesägten Blättern.

Niederliegende Lappenblume   *Hypecoum procumbens* L.   Mohngewächse
Papaveraceae
B: Einjährige, graugrüne Pflanze mit flach ausgebreiteten, gerieften Stengeln.
Blätter sehr fein, 2—3-fach gefiedert, mit linealen bis lanzettlichen Abschnitten. Blüten bis 1,5 cm im Durchmesser, trugdoldig angeordnet mit vier
gelben, dreizipfeligen Blütenkronblättern, die seitlichen Zipfel der zwei äußeren, größeren Kronblätter kürzer als der mittlere Zipfel. Früchte 4—6
cm lange, aufrechte, gebogene und gegliederte Schoten. April—Juni.
S,V: Kulturland, auf sandigen Böden in Meeresnähe im Mittelmeergebiet.
U: Ähnlich *Hypecoum imberbe* Sibth. & Sm. mit aufsteigendem bis aufrechtem Stengel. Seitenzipfel der beiden äußeren, orangegelben Kronblätter
so lang wie oder länger als die mittleren.

Acker-Moricandie   *Moricandia arvensis* (L.) DC.   Kreuzblütler   *Cruciferae   (Brassicaceae)*
B: Ein- oder mehrjährige, kahle, aufrechte und verzweigte, bis 0,7 m hohe
Pflanze mit blaugrünen, etwas fleischigen Blättern, die unteren verkehrt
eiförmig, geschweift gezähnt, die oberen ganzrandig, mit breitem, herzför-
migem Grund stengelumfassend. 10—20 (—25) Blüten stehen in einer langen
Traube, Blütenblätter etwa 2 cm lang, violett. Schoten 3—8 cm lang und
2—3 mm schmal, vierkantig, Fruchtklappen mit einem deutlichen Nerv,
Samen etwa 1 mm groß, zweireihig angeordnet. März—Juni.
S: Brachland, Wegränder, offene Böden, Felsen, auf Kalkböden.
V: Mittelmeergebiet.

Weiße Resede *Reseda alba* L. Resedengewächse *Resedaceae*
B: Ein- bis zweijährige oder ausdauernde, aufrechte, bis 80 cm hohe, im oberen Teil manchmal ästige Pflanze mit bis zum Blütenstand beblättertem Stengel. Blätter etwas graugrün, fiederschnittig, mit 5—15 Lappen auf jeder Seite. Blüten in langen, vielblütigen Trauben, 5- oder 6-zählig, Blütenkronblätter weiß, bis 6 mm, länger als die lanzettlichen Kelchblätter, am Ende in drei schmale Zipfel zerteilt, Staubfäden bis zur Fruchtreife ausdauernd. Kapsel 8—15 mm, länglich elliptisch, vierkantig, aufrecht. April—September.
S: Wegränder, Ödland, sandige Standorte.
V: Mittelmeergebiet, in Mitteleuropa gelegentlich als Zierpflanze kultiviert und verwildert.

Rote Spornblume *Centranthus (Kentranthus) ruber* (L.) DC.
Baldriangewächse *Valerianaceae*
B: Bis 80 cm hohe, ausdauernde Pflanze mit ganzrandigen oder schwach gezähnten, eiförmig-lanzettlichen, unten gestielten, oben mit herzförmigem Grund sitzenden Blättern. Rosenrote Blüten in Trugdolden, Blütenkrone etwa 1 cm groß mit dünnem Sporn und einem einzigen, herausragenden Staubblatt. Früchte mit federigem Haarschopf. In Mitteleuropa in Steingärten an warmen Stellen gelegentlich kultiviert. April—September.
S: Häufig in Mauern an Wegrändern, in Felsen und Felsschutt.
V: Mittelmeergebiet.
U: Im westlichen Mittelmeergebiet mit sehr schmalen Blättern *Centranthus angustifolius* (Mill.) DC., außerdem weiter verbreitet der einjährige, kleinere *Centranthus calcitrapa* DC. mit geteilten oberen Blättern.

Kapernstrauch *Capparis ovata* Desf. Kaperngewächse *Capparidaceae*
B: Niederliegender Strauch mit langen, auf dem Boden ausgebreiteten, häufig auch von Mauern herabhängenden Zweigen. Wechselständige, etwas fleischige, spärlich behaarte, gestielte Blätter, länglich bis elliptisch, zugespitzt mit einer deutlichen, kleinen Stachelspitze, am Grunde mit zwei geraden oder gekrümmten Nebenblattdornen. In den Blattachseln stehen langgestielte, einzelne, 4—5 cm große, auffallende, weiße bis hellviolette, vierzählige Blüten mit zahlreichen, violetten Staubfäden und einem langgestielten, herausragenden Fruchtknoten. Die Frucht ist eine Beere. Juni—September.
S,V: Felsen und Mauern des Mittelmeergebietes und weiter östlich.
U: Sehr ähnlich *Capparis spinosa* L. mit kahlen, mehr rundlichen, an der Spitze abgerundeten oder eingebuchteten Blättern, Blüten 5—7 cm groß. Die in Essig eingelegten Blütenknospen werden als Kapern in der Küche verwendet.

Harzklee, Pechklee *Psoralea bituminosa* L. Schmetterlingsblütler *Papilionaceae (Fabaceae)*
B: Ausdauernde, 0,2—1 m hohe Pflanze mit verzweigten, mehr oder weniger behaarten Stengeln. Blätter kleeblattartig, dreizählig, Teilblättchen oval-lanzettlich, 1—6 cm lang, 0,3—2 cm breit, ganzrandig, drüsig punktiert. Sehr lang gestielte, bis 1,5 cm breite Blütenköpfchen am Grunde umgeben von dreizähnigen Hochblättern, mit 10—15 schmutzig-violetten, manchmal auch weißlichen, 15—20 mm langen Einzelblüten. Hülsen bis 15 mm lang geschnäbelt. Auffallender Geruch nach Teer. April—August.
S: Weg- und Straßenränder, trockene und wüste Plätze.
V: Mittelmeergebiet, Kanaren.
U: Ähnlich *Psoralea americana* L. (Süditalien, Südwestspanien) mit gezähnten Fiederblättchen und weißen Blüten in traubigen Blütenständen.

Goldgras *Lamarckia aurea* (L.) Moench Süßgräser *Gramineae (Poaceae)*
B: Nach dem französischen Naturforscher Lamarck benanntes, einjähriges, bis
25 cm hohes Gras mit aufrechtem oder aufsteigendem Stengel. Blätter 3—6
mm breit, weich, blaßgrün, mit langem Blatthäutchen. Ährenrispe dicht,
länglich-oval, anfangs grün, später goldgelb, mit einseitswendig abstehenden
Ährchen. Der auffällige Blütenstand wird von zwei Arten von Ährchen gebildet: die einen haben 6—10 mm lang begrannte Spelzen und eine fruchtbare
und eine verkümmerte Blüte, die anderen sind steril und umgeben die frucht-
baren mit je 3—4 Ährchen. Sie bestehen aus zwei lanzettlichen Hüllspelzen
und 6—9 zweizeilig angeordneten, grannen- und blütenlosen Deckspelzen.
März—Juli.
S: Wegränder, Kulturland, auf sandigen und steinigen Böden.
V: Mittelmeergebiet, bis Pakistan und bis zu den Kanaren, in Amerika zum
Teil eingebürgert.

Wegerichblättriger Natternkopf *Echium plantagineum* L. Rauhblattgewächse *Boraginaceae*
B: Ein- oder zweijähriges, bis 60 cm hohes Kraut mit einem oder mehreren
blühenden Trieben. Blätter der Grundrosette eiförmig, 5—14 cm lang mit
hervortretenden Mittel- und Seitennerven, Stengelblätter länglich-lanzettlich,
die oberen mit herzförmigem Grund halbstengelumfassend. Alle Blätter ganzrandig, blaugrün, angedrückt weich borstenhaarig. Blütenstand verzweigt,
Blütenkrone blau, später rotviolett, 18—30 mm lang, trichterförmig, am Rand
und auf den Nerven behaart, mit 2 herausragenden Staubblättern. April—Juli.
S: Wegränder, Ödland, sandige Stellen.
V: Mittelmeergebiet, Azoren, Kanaren.

Spritzgurke *Ecballium elaterium* (L.) Rich. Kürbisgewächse
Cucurbitaceae
B: Ausdauernde, steifhaarige, fleischige Pflanze mit bis 1 m langem, niederliegendem Stengel. Blätter lang gestielt, herzförmig bis dreieckig, meist gezähnt und gewellt, bis 10 cm lang. Blüten gelblich, fünfzählig, männliche
in Trauben und weibliche einzeln in den Blattachseln, aber beide an derselben
Pflanze. Die grünen, bis 5 cm langen, gurkenförmigen Früchte, die wie die
ganze Pflanze rauh behaart sind, haben einen interessanten Verbreitungs-
mechanismus: Zur Reifezeit lösen sie sich schon bei leichter Berührung von
ihren Stielen und schleudern dabei ihren Inhalt, eine wäßrige Flüssigkeit und
die Samen fort. April—September.
S: Wegränder, Schuttplätze, Ödland, auch auf steinigem Strand.
V: Mittelmeergebiet.

Flohsamen-Wegerich *Plantago afra* L. (*Plantago psyllium* auct.) Wegerich-
gewächse *Plantaginaceae*
B: Einjährige, aufrechte oder aufsteigende Pflanze, mit gegenständigen Ästen
verzweigt. Stengel mit gegenständigen, sitzenden, schmal-linealen, ganzrandigen
bis schwach gezähnten Blättern, in deren Blattachseln oft sterile Ästchen stehen,
Blüten in blattachselständigen, langgestielten, eiförmigen bis rundlichen Köpfchen. Tragblätter der Blüten oval-lanzettlich, zugespitzt. Samen 2,5—5 mm lang,
kahnförmig, dunkelbraunrot, stark glänzend, als Flohsamen offizinell und wegen
des hohen Schleimgehaltes als mildes Abführmittel verwendet. April—Juli.
S: Wegränder, Felder, Ödland.
V: Mittelmeergebiet, östlich bis Pakistan, Kanaren.
U: Sehr ähnlich der einjährige *Plantago arenaria* W. & K. (*P. indica* L.) und der
ausdauernde *Plantago sempervirens* Crantz (*P. cynops* L.).

Gewelltblättrige Königskerze   *Verbascum sinuatum* L.   Rachenblütler
Scrophulariaceae
B: Zweijährige, dicht grau- bis gelbfilzige, 0,5—1 m hohe Pflanze. Blätter
der Grundrosette länglich, kaum gestielt, buchtig gelappt, grob gezähnt und
etwas gewellt, 15—35 cm lang und 6—15 cm breit, unterseits dichter behaart.
Stengelblätter mit breitem bis herzförmigem Grund sitzend und am Stengel
herablaufend. Blütenstand ästig, Blüten zu 2—5 in den Achseln von kleinen
Hochblättern, Blütenkrone fünfzählig, 1,5—3 cm im Durchmesser, gelb, innen
am Grunde rötlich gefleckt, Staubfäden purpurn wollig behaart. Früchte rund-
liche, bis 4 mm große Kapseln. Juni—Oktober.
S,V: Wegränder, Ödland, im ganzen Mittelmeergebiet.
U: Ähnlich das ostmediterrane *Verbascum undulatum* Lam. mit 2,5—5 cm
großen Blüten und weiß behaarten Staubfäden.

Eibischblättrige Winde   *Convolvulus althaeoides* L.   Windengewächse
Convolvulaceae
B: Ausdauernde, spärlich bis dicht behaarte Pflanze mit bis 1 m langen, niederliegenden oder windenden Stengeln. Blätter gestielt, die oberen tief gelappt,
die unteren ungeteilt mit herz- bis pfeilförmigem Grund. Auffällige, 25—40
mm große, rosa Trichterblüten zu 1—3 an blattachselständigen Blütenstielen,
die länger als die Tragblätter sind. April—Juni.
S: Wegränder, Kulturland.
V: Mittelmeergebiet, nach Osten hin seltener.
U: Neben der oben beschriebenen Unterart ssp. *althaeoides* kommt von Frankreich an ostwärts die im ganzen zierlichere Unterart ssp. *tenuissimus* (Sibth.&
Sm.) Stace vor, mit schmaleren Blattlappen und angedrückter Behaarung.

Eisenkraut-Salbei *Salvia verbenaca* L. Lippenblütler *Labiatae (Lamiaceae)*
B: Sehr formenreiche, ausdauernde, aufrechte, bis 80 cm hohe Art mit einer
Grundrosette von schmutziggrünen, langgestielten, grob gekerbten, mehr oder
weniger gelappten, länglich bis eiförmigen Blättern, 5—10 cm lang, und 2—4
cm breit, mit runzeliger Oberfläche. Stengelblätter kurzgestielt oder sitzend.
Lockerer oder dichter, häufig verzweigter, ähriger Blütenstand. Blüten sehr
kurz gestielt, zu 6—10 in Scheinquirlen. Blütenkrone klein, 6—10 (—15)
mm, zweilippig, manchmal geschlossen bleibend, hellblau bis violett. Blütenkelch glockenförmig mit hervortretenden Nerven und langen, weißen Haaren.
April—September.
S: Wegränder, Ödland, trockene Rasen.
V: Mittelmeergebiet und Westeuropa, Kanaren.

Klebriger Alant *Dittrichia viscosa* (L.) W. Greuter (*Inula viscosa* (L.)
Aiton) Korbblütler *Compositae (Asteraceae)*
B: Häufiges und weitverbreitetes Unkraut, das in der ersten Jahreshälfte
struppig und häßlich, im Spätsommer und Herbst aber — auch bereits vor
Beginn der Niederschläge — mit leuchtender Blütenpracht oft die Wege
säumt. Aromatisch-riechende, drüsig-klebrige, am Grund verholzte, 0,5—1 m
hohe Pflanze mit aufrechtem, einfachem oder verzweigtem Stengel. Blätter
halbstengelumfassend, länglich, ganzrandig bis gezähnt. Blütenstand beblät-
tert, langrispig, pyramidal, mit zahlreichen, im Durchmesser etwa 15 mm
großen, leuchtend gelben Blütenköpfchen. August—November.
S: Wegränder, Ödland, Baumkulturen, auch in Gariguen.
V: Mittelmeergebiet, Kanaren.

Wegränder

Stechendes Sternauge *Pallenis spinosa* (L.) Cass. Korbblütler
Compositae (Asteraceae)
B: Zweijährige, bis 50 cm hohe Pflanze mit abstehend behaartem, im oberen
Teil verzweigtem Stengel. Blätter ganzrandig, angedrückt behaart, die unteren oval-länglich, in den Stiel verschmälert, die oberen sitzend, halbstengelumfassend, bespitzt. Blüten in langgestielten, einzelnen Köpfen, dabei überragen die seitlichen Blütenköpfe die mittleren. Äußere Blütenhüllblätter
strahlend, 1,5—3 cm lang, lanzettlich, stachelspitzig, mit parallelen Nerven,
die inneren Hüllblätter viel kürzer. Scheiben- und Zungenblüten gelb, letztere
in zwei Reihen, 1—2 cm lang. April—Juli.
S: Wegränder, Ödland.
V: Mittelmeergebiet, Kanaren.

Mariendistel *Silybum marianum* (L.) Gaertn. Korbblütler
Compositae (Asteraceae)
B: Zweijährige, mit einer Blattrosette überwinternde, aufrechte, ästige, bis 1,5 m
hohe Pflanze. Blätter glänzend grün, weiß geadert und gefleckt, buchtig gelappt mit
dornigem Rand, die unteren Blätter sitzend, die oberen mit herzförmigem Grund
stengelumfassend. Einzelne, 4—8 cm große, rotviolette Blütenköpfe nur mit
Röhrenblüten. Äußere Hüllblätter breit eiförmig mit kräftigen, gelben Dornen,
zurückgebogen. Früchte 6—7 mm lang, in der Medizin bei Leber- und Gallen-
leiden verwendet. April—August.
S: Wegränder, Schuttplätze, Viehweiden, oft in größeren Beständen.
V: Mittelmeergebiet, auch bis Südosteuropa und Westasien und bis zu den
Kanaren.

Milchfleckdistel *Galactites tomentosa* Moench Korbblütler
Compositae (Asteraceae)
B: Distelartige, ein- bis zweijährige, aufrechte, meist nur oberwärts verzweigte,
bis 60 cm hohe Pflanze mit Blattrosette. Blätter oberseits vielfach weiß gefleckt, unterseits weißfilzig, am ebenfalls weißfilzigen Stengel etwas herablaufend, fiederteilig mit lanzettlichen, stark dornigen Abschnitten. Blütenköpfe etwa 4—5 cm im Durchmesser, rosa, hellviolett oder seltener weißlich. Nur röhrenförmige Blüten, die äußeren viel länger und lebhafter gefärbt, strahlend, steril und nur als Schauapparat dienend, die inneren zwittrig
mit röhrig verwachsenen Staubfäden. Hüllkelchblätter eiförmig, spinnwebig
behaart, aufrecht, in eine lange, rinnige Spitze verschmälert. April—August.
S: Wegränder, Ödland, Viehweiden.
V: Mittelmeergebiet, Kanaren.

Großes Zittergras *Briza maxima* L. Süßgräser *Gramineae (Poaceae)*
B: Einjähriges, 10—60 cm hohes, zierliches Gras mit grünen, unbehaarten,
5—20 cm langen Blättern mit 2—5 mm langem Blatthäutchen. Blütenrispe
mit bis 12 großen, an dünnen Ästen hängenden Ährchen, diese eiförmig-
länglich, 15—25 mm lang, 7—20blütig, grün oder öfter rotbraun überlaufen.
April—Juni.
Zuweilen als Zierpflanze kultiviert, auch zur Verwendung in Trockensträußen.
S: Wegränder, Kulturland, Rasengesellschaften.
V: Mittelmeergebiet, Kanaren und weiter verschleppt.
U: Ähnlich das mitteleuropäische, ausdauernde Zittergras *Briza media* L. mit
4—7 mm langen Ährchen und das in allen Maßen viel kleinere, mediterrane,
einjährige Kleine Zittergras, *Briza minor* L., mit nur 3—5 mm langen
Ährchen.

Fremdländische Arten

Amerikanische Agave *Agave americana* L. Agavengewächse *Agavaceae*
B: Im 16. Jahrhundert aus Mittelamerika eingeführt, ist die Agave heute im
ganzen Mittelmeergebiet verbreitet. Die bis 2 m hohe Rosette aus dickfleischi-
gen Blättern an der Spitze mit einem langen Dorn und an den Rändern mit
gekrümmten Zähnen, in der Blattknospe dicht anliegend, treibt nach 10—15
Jahren in kurzer Zeit einen 5—8 m hohen Blütenstand mit vielen, kandela-
berartig angeordneten, gelblichen Blüten. Nach der Fruchtreife stirbt die
Pflanze ab. Juni—August.
S: Zierpflanze in Hecken und Böschungen, in Küstennähe oft verwildert.
V: Heimat: Mexiko, kultiviert und verwildert im Mittelmeergebiet und weiter.

Echter Feigenkaktus *Opuntia ficus-indica* (L.) Mill. Kakteengewächse
Cactaceae
B: Einziger häufiger, wenn auch nicht einheimischer Vertreter der Kakteen
im Mittelmeergebiet. Stammsukkulent, 3—5 m hoch, Stengelglieder zu flachen,
blattartigen Gebilden umgestaltet, in den Achseln von hinfälligen Blättchen
kleine Polster mit verschieden gestalteten Dornen und Haaren. Blüten 7—10
cm im Durchmesser, gelb, mit zahlreichen Blütenblättern, gehäuft an den
Rändern der Stengelglieder. Früchte eiförmig, in der Form feigenähnlich, gelb
bis rot, ebenfalls mit Stachelpolstern besetzt, 5—9 cm groß, geschält eßbar.
April—Juli.
S: Kultiviert wegen seiner Früchte, auch als Heckenpflanze, oft verwildert.
V: Heimat: tropisches Amerika, im Mittelmeergebiet eingebürgert.
U: 5 weitere *Opuntia*-Arten, seltener kultiviert und stellenweise verwildert
z.B. *Opuntia tuna* (L.) Mill., kleiner, mit rundlich-länglichen Stengelgliedern.

Rizinus, Wunderbaum *Ricinus communis* L. Wolfsmilchgewächse
Euphorbiaceae
B: Einjährige bis ausdauernd-baumförmige, bis 4 m hohe Pflanze mit großen,
handförmig gelappten Blättern, Blütenstände in aufrechten Rispen, unten
männliche Blüten mit verzweigten gelben Staubblättern, darüber weibliche mit
auffälligen roten Narben, Blütenblätter unscheinbar. Früchte dreifächrige,
bis 2 cm große Kapseln, meist stachelig, mit drei bohnenförmigen, marmo-
rierten Samen. Februar—September.
Das aus den Samen gewonnene fette Öl hat große technische Bedeutung als
Schmiermittel. Von den giftigen Eiweißstoffen befreit, wird das Rizinusöl auch für
medizinische (Abführmittel) und kosmetische Zwecke verwendet. 5—20 rohe
Samen sind für den Menschen tödlich.
S: Gärten, auch verwildert an Straßenrändern und Schuttplätzen.
V: Heimat: Subtropen und Tropen, im Mittelmeergebiet, Azoren, Kanaren und
weiter kultiviert und eingebürgert.

Mittagsblume *Carpobrotus acinaciformis* (L.) L. Bolus Eiskrautgewächse
Aizoaceae
B: Niederliegende, dichte Rasen bildende, ausdauernde Pflanze, Äste bis 2 m
lang, Blätter fleischig, blaugrün, im Querschnitt dreieckig, in oder über der
Mitte am breitesten, plötzlich in eine kurze Knorpelspitze verschmälert. Blüten
bis 12 cm im Durchmesser, leuchtend karminrot, öffnen sich erst gegen
Mittag, Staubblätter purpurn. Früchte fleischig, eßbar. März—Juli.
S: In Küstennähe als Zierpflanze in Gärten, an Böschungen und Mauern
angepflanzt und an Sand- und Felsküsten öfter verwildert.
V: Heimat: Südafrika, heute im Mittelmeergebiet verbreitet.
U: Nahe verwandt *Carpobrotus edulis* (L.) N. E. Br., Blätter grün, am Grunde
am breitesten, allmählich in eine Knorpelspitze verschmälert, Blüten nur bis
9 cm groß, hellgelb, rosa oder purpurn, Staubblätter gelb.

Fremdländische Arten

Fieberbaum *Eucalyptus globulus* Labill.   Myrtengewächse *Myrtaceae*
B: Schnellwüchsiger, bis 40 m hoher Baum, dessen Rinde sich in langen
Fetzen löst. Jugendblätter eiförmig bis lanzettlich, ungestielt, blaugrün,
Folgeblätter sichelförmig-lanzettlich, gestielt, glänzend grün, 10—30 cm
lang. Blüten meist einzeln, Blütenkron- und Kelchblätter zu einem Deckel
verwachsen, der beim Öffnen der Blüten abfällt. Zahlreiche, weiße oder rosa
Staubfäden, Fruchtkapseln umgekehrt kegelförmig, etwa 1,5—3 cm groß.
Februar—Juli.
Die Blätter liefern Eukalyptusöl, das bei Erkrankungen der Atmungsorgane wirk-
sam ist.
S, V: Im Mittelmeergebiet auch als schnellwüchsiger Holzlieferant in großflächi-
gen Aufforstungen und als Zierbaum häufig kultiviert. Heimat: Australien, dort ist
die Gattung mit etwa 600 Arten vertreten.
U: Unterscheidet sich von den 10 weiteren, im Gebiet kultivierten Arten durch
die einzelnen Blüten und die über 10 mm großen Früchte.

Drillingsblume, Bougainvillie *Bougainvillea spectabilis* Willd.   Wunder-
blumengewächse *Nyctaginaceae*
B: Im 19. Jahrhundert aus Brasilien eingeführte, verholzte Kletterpflanze.
Fast das ganze Jahr über zu sehen sind drei auffällige, violett gefärbte Blätter,
die nicht Blüten-, sondern Hochblätter sind und die drei unscheinbaren,
röhrenförmigen, gelblichen Einzelblüten umgeben. Bei der Fruchtreife dienen
die Hochblätter den mit ihnen verwachsenen Früchten als Fallschirm zur
Verbreitung. Es werden heute verschiedene Varietäten, auch mit roten Hochblättern kultiviert. Mai—September.
S: Häufig als Zierpflanze in Gärten und an Mauern.
V: Heimat: Brasilien, im Mittelmeergebiet und weiter verbreitet kultiviert.

Zypresse *Cupressus sempervirens* L.   Zypressengewächse *Cupressaceae*
B: Die bis 30 m hohe Säulenzypresse (forma *sempervirens*) ist neben der einheimischen Pinie ein weiterer landschaftsprägender Baum. Zweige aufrecht, dem
Stamm angedrückt. Blätter dunkelgrün, schuppenförmig, 0,5—1 mm groß. Zapfen
2,5—4 cm, einzeln am Ende junger Zweige, eiförmig bis rundlich, reif gelblich-
grau glänzend mit 8—14 verholzten Schuppen. Das ätherische Öl der Blätter und
jungen Zweige ist offizinell und wird in Hustenbalsamen verwendet. Die Insel
Zypern verdankt den Zypressen ihren Namen. März—Mai.
S: Als Zierbaum, auch auf Friedhöfen und in Windschutzhecken.
V: Heimat: Kleinasien, im ganzen Mittelmeergebiet und weiter kultiviert,
auch in Griechenland und an der Adriaküste wohl nicht ursprünglich.
U: Die forma *horizontalis* hat pyramidenförmigen Wuchs mit abstehenden
Ästen.

Judasbaum *Cercis siliquastrum* L.   Johannisbrotgewächse *Caesalpiniaceae*
B: Bis 10 m hoher Baum oder Strauch. Blätter meist nach den Blüten er-
scheinend, langgestielt, einfach, rundlich, mit herzförmigem Grund, unterseits blaugrün. Sehr zahlreiche, rosarote, bis 2 cm große Blüten entspringen in
kurzen Trauben dem Stamm und den Ästen, schmetterlingsblütenähnlich,
die drei oberen Kronblätter jedoch kleiner als die zwei unteren, das oberste
von den zwei seitlichen eingeschlossen. Hülse 6—10 cm lang, rotbraun.
März—April.
Nach der Überlieferung soll sich Judas an diesem Baum erhängt haben.
S: Vielfach als Zierbaum kultiviert, auch an felsigen Hängen.
V: Ursprünglich nur im östlichen Mittelmeergebiet, heute in der ganzen
Mediterraneis kultiviert.

Literatur

Coste, H.: Flore descriptive et illustrée de la France, 3 Bände, 2. Auflage, Paris 1937

Danesch, E. und O.: Orchideen Europas, Südeuropas, Bern und Stuttgart 1969

Eberle, G.: Pflanzen am Mittelmeer, 2. Aufl., Frankfurt 1975

Fenaroli, L.: Flora mediterranea, 2 Bände, Mailand 1962, 1964

Fiori, A.: Nuova flora analitica d'Italia, 2 Bände, Nachdruck Bologna 1969

Fiori, A. und G. Paoletti: Iconographia florae Italiae, Nachdruck Bologna 1970

Fournier, P.: Les quatre flores de la France, Paris 1961

Götz, E.: Die Gehölze der Mittelmeerländer, Stuttgart 1975

Polunin, O.: Pflanzen Europas, München, Bern, Wien 1971

Polunin, O. und A. Huxley: Blumen am Mittelmeer, 2. Aufl., München, Basel, Wien 1970

Polunin, O. und B. E. Smythies: Flowers of South-West Europe, London 1973

Polunin, O.: Flowers of Greece and the Balkans, Oxford 1980

Rikli, M.: Das Pflanzenkleid der Mittelmeerländer, 3 Bände, 2. Auflage, Bern 1943–1948

Sundermann, H.: Europäische und mediterrane Orchideen, Hannover 1970

Tutin, T. G. u. a. (Edit.): Flora Europaea, 5 Bände, Cambridge 1964–1980

Verzeichnis der wissenschaftlichen Namen

Verzeichnis der deutschen Namen

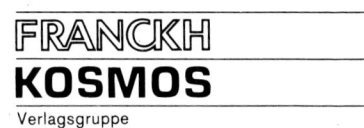